जंगल के ख़िलाफ़

वाणी प्रकाशन

नयी दिल्ली-110002

फोन : 3273167, 3275710 • फैक्स : 3275710

e-mail : vani_prakashan@yahoo.com

vani_prakashan@mantraonline.com

जंगल के ख़िलाफ़

जियालाल आर्य

वाणी प्रकाशन
21-ए, दरियागंज, नयी दिल्ली-110002
द्वारा प्रकाशित

प्रथम संस्करण : 2002

मूल्य : 100.00

नागरी प्रिंटर्स, दिल्ली-110032
में मुद्रित

JUNGAL KE KHILAF
by Jiyalal Arya

अपने पौत्र-त्रय
आयुष्मान् अतिकांत, आदर्श और सत्यकांत
को साशिष

अनुक्रम

विहगेक्षण

प्रशासन-पुलिस से साहित्य-स्रोत को अपने निश्छल स्वेद-जल से समृद्ध करने वाले कथाकर्ता श्री जियालाल आर्य अपने उदात्त उपन्यास 'सफेद चादर' के माध्यम से प्रचुर यशस्विता अर्जित कर चुके हैं। अतः इनके प्रणेतृत्व का परिचय तो उपचार-पूर्ति मात्र ही होगा।

अपनी ऊर्जस्वल लेखनी के चमत्कार से हिंदी-साहित्य की प्रायः समस्त विधाओं को सत्कृत करने वाले साहित्यस्रष्टा श्री आर्य ने अपने इस नव्यतम कथा-संकलन 'जंगल के खिलाफ' में अपनी लासानी सृजन-सामर्थ्य का सर्वथा अद्‌भुत निरूपण किया है।

कहानियाँ लिखी जाती हैं, किंतु उनके धरातल, परिप्रेक्ष्य, दिशाएँ और संदेश रचयिता के व्यक्तित्व के अनुरूप अलग-अलग होते हैं। प्रायः अधिकांश आख्यायिकाओं में तथ्य की रेखाएँ कल्पना के प्रगाढ़ रंगों में इस हद तक रंजित होती हैं कि कथ्य की विश्वसनीयता विक्षत हो जाती है।

उद्दिष्ट कथ्य की ग्राह्यता, विश्वसनीयता और प्रभविष्णुता के लिए जैवनिक मृतिका की अनाविल, अनाडंबर रहित और सहज सुरभि अपेक्षित होती है।

जो कथा-प्रणेता जग-जीवन के जितने गांभीर्य और नैविड्य के भीतर से अपने कथ्य को उभारता है, वह उतना ही प्राणवंत, प्रदीप्त और प्रशंस्य होता है।

श्री आर्य की समस्त कथाएँ शब्दों में लिपटी ऐसी अनुभूतियाँ हैं, जो जीवन पुष्प की ओसिल पंखुड़ियों से सद्यः दिखती हैं।

वस्तुतः, रेखाएँ जहाँ रंग बन जाती हैं और रंग जहाँ रुचिर रूप बनकर उद्‌भासित होता है, वहाँ जो सृजन-चित्र बनता है, उसकी ऊष्मा, ऊर्जस्विता और उद्‌दीप्त विस्मयावह होती है।

इस संकलन की समस्त कहानियाँ जीवन के सरक्त प्रवाह से उद्‌भूत हुई हैं। इनमें जीवन स्पंदन है, सस्वर सत्य है और सर्वोपरि आस्वादित जिजीविषा का उच्छलन

है। उपभुक्त जैवनिक क्षण इनमें इस सशक्तता से मुखरित हुए हैं कि कल्पना यथार्थ का यह कथात्मक अभिव्यंजन हिंदी-कथा-साहित्य में अदृश्यपूर्व, अश्रुतपूर्व और आश्चर्यकर है।

निश्चय ही, तथाकथित प्रगतिवादी, यथार्थवादी, नावीन्यावादी कहानियाँ इस संकलन की कहानियों की छाया तक नहीं छू सकती है। और, इस प्रकार कीर्तिकूट पर अधिष्ठित श्री आर्य का संकलन वस्तुतः कथा-सर्जना के धरातल पर छाया-द्वितीय है।

संकलित कहानियों की भाषा सहज, उदात्त और संस्कारशील है तथा पार्वत्य निर्झरणी की भाँति स्वतः तरंगित, अनरुद्ध और प्रखर है। इसमें कहीं निम्न स्तरीय अश्लील अभिव्यक्ति नहीं है।

जहाँ कथ्य सद्यस्क, जीवन-एकाकृत और निष्कपट होता है, वहाँ भाषा में स्वयंमेव एक ऊर्जा, प्रवेग और प्राणवत्ता समाविष्ट हो जाती है।

जियालाल जी की कहानियों का स्थापत्य जटिल-कुटिल न होकर सरल, सरस और सुगम है; साथ ही शिल्प रुचिकर, मनोहर, चित्ताकर्षक और सर्वजनसंवेद्य है।

आधुनिक कहानियाँ जहाँ स्थापत्य, शिल्प और भाषा के लिए लांछित की जाती हैं, वहाँ इस संकलन की कहानियों से एक नवीन प्रातिभ क्षितिज का सृजन होता है।

जीवन के विमल वृंत पर उत्फुल्ल ये कथा-कुसुम जन-मन-आप्यायक और दिशा-दिशा को सुरभि-सिक्त करने में सक्षम और आधुनिक कथा-रचना के महाकाश को मधु-मकरंद से आपूरित करने में संपूर्णतः समर्थ है।

इस शिल्प-शिखरस्थ कथाकृति के लिए मैं सिद्धवाक् सृष्टा श्री आर्य को राशि-राशि साधुवाद देता हूँ और आशांवित हूँ कि एतादृश अन्य अनेक भाषा-सृष्टियों से ये हिंदी-सरस्वती का भंडार-भरण करते रहेंगे।

डॉ. कृणाल कुमार

संपादक, 'राजभाषा' पत्रिका,
राजभाषा विभाग,
बिहार सरकार-पटना-15

स्वतः

"मैं जानता कि रचनाकार रचना को कल्पना द्वारा सजाता-सँवारता है, लेकिन यह कहानी सत्य घटना जैसी लगी, बहुत मर्मस्पर्शी। मैं यह जानना चाहता हूँ कि यह कहानी सचमुच सत्य तो नहीं है।" ये विचार मेरी एक कहानी 'त्याग' को पढ़कर सुधी पाठक श्री विंध्याचल धरीन ने अपने समीक्षा-पत्र द्वारा व्यक्त किए थे। ये विचार केवल एक कहानी के लिए ही नहीं अपितु इस कथा-संग्रह की प्रायः सभी कहानियों के लिए अर्थवान् है। अपने चारों ओर घटित होने वाली घटनाओं का मैं महज चक्षुदर्शक बनकर ही नहीं रह जाता, अपितु उनके मूल कारण और बिंब को आत्मसात् करने का प्रयास करता हूँ। यही कारण है कि जब-जब मैं व्यस्त पदों पर रहा तब-तब अधिकतम साहित्य-सृजन कर पाया। मानव-जीवन की ऐसी ही घटनाओं से मुझे कहानी के प्लॉट मिले हैं और सच्ची घटनाओं को कल्पना के परिवेश में ढालकर कहानी लिखना मेरी द्वितीय प्रकृति-सी बन गई है।

जंगल के ख़िलाफ़ मेरा पाँचवाँ कथा-संग्रह है, जिसे विद्वान पाठकों के समक्ष प्रस्तुत करने में मुझे 'गूँगे के गुड़ का स्वाद'-सा अनुभव हो रहा है। ये कहानियाँ किसी-न-किसी के जीवन की भोगी हुई घटनाएँ हैं। जिन्हें कल्पना का कलेवर देकर कहानी की काया दी गई है। कहानी या साहित्य की किसी भी विधा में सृजित साहित्य-सदन में सत्यता का आभास उभारना साहित्यकार के लिए एक कठिन कसौटी होती है। इस कसौटी पर इस संग्रह की कहानियों को कहाँ तक खरापन मिल पाया है, इसका निर्णय केवल पाठक ही कर सकते हैं।

साहित्यकारों में संवेदना और संवेदनशीलता का कभी भी अभाव नहीं रहा है क्योंकि बिना इनके वह साहित्यकार हो ही नहीं सकता। परंतु आज के साहित्यकारों की रचनाओं में संवेदना से अधिक संवदेनशीलता मुखर हो रही है। प्रेमचंद और निराला की कृतियों में दोनों को समान स्थान मिला है और इसीलिए वे कालजयी रचनाकार माने जाते हैं। अंतर इतना ही है कि उस कालखंड में संवेदनशील होना उनकी

अनिवार्यता नहीं थी। आज का संवेदनहीन लेखक समाज से आँखें नहीं मिला सकता है क्योंकि समाज की मानसिकता बदलने लगी है। इस कहानी-संग्रह में संवदेनशीलता ढूँढ़ने का परिश्रम नहीं करना होगा, ऐसी मेरी सोच है।

इस संग्रह की कहानियों के बहुत से पात्र और परिवेश यथावत उद्धृत कर दिये गये हैं। कुछ पात्रों के तो नाम तक नहीं बदले गये। इससे कहानी की सच्चाई और जीवंतता का आभास होगा, ऐसी मेरी मान्यता है और कहानी तथा पाठक के बीच लगाव का वातावरण सृष्ट करने में सहायता होगी। कई कहानियाँ ऐसी भी हैं जिनकी कथावस्तु कहानी के मुख्य पात्र ने स्वयं दी है, मैंने केवल उन्हें कहानी का जामा पहनाया है।

कभी-कभी भाषा और शैली कथा पर भारी पड़ने लगती है। भाषा के अलंकार में भाव प्रच्छन्न हो जाते हैं। मैंने भावों को व्यक्त करने के लिए भाषा को सायास गढ़ने का प्रयास नहीं किया है और न ही शब्दकोश का सहारा लिया है। लिखते समय जो शब्द आ गये उनका उपयोग कर लिया। ऐसी ही बात शैली पर भी लागू होती है। शैली तो केवल भाव को आगे बढ़ाने की, पाठक में उत्सुकता जगाने की माध्यम है। भाव, भाषा और शैली का आपस में कहाँ तक सामंजस्य हो पाया है, कहाँ तक ये परस्पर संपूरक बन पाए हैं, इनकी समीक्षा आप ही कर सकते हैं।

यह स्वीकार करने में मुझे हर्ष होता है कि डॉ. कुणाल कुमार ने मेरी सभी कहानियों को पढ़ा और विचार-विमर्श के दौरान बहुमूल्य सुझाव भी दिये हैं। श्री वीरेंद्र वाचस्पति और डॉ. कुणाल कुमार के प्रति मैं दिली आभार प्रकट करता हूँ।

यह कथा-संग्रह आपको सौंपते हुए मुझे अमित प्रसन्नता हो रही है। मैं आपके सुझावों के प्रति सदैव समुत्सुक रहूँगा।

–जियालाल आर्य

आत्मग्लानि

सुबह के दस बजने वाले थे। कार्यालय जाने का समय हो रहा था। दिसंबर का अंतिम सप्ताह। कुहरे का साम्राज्य बढ़ता ही जा रहा था। ठंड से हाथ की उँगलियाँ टेढ़ी होती जा रही थीं। नाश्ता करने के बाद गर्म सूट धारण किया। पैंट की जेब में सफेद रूमाल रखी। तकिया के नीचे से पर्स निकालने के लिए तकिया उठाया तो पर्स नहीं था। शायद, कल जो कोट-पैंट पहनकर दिल्ली से आया था, उसमें हो। अलमारी खोलकर पैंट-कोट की जेबें देखीं। पर्स नहीं थी। मुझे पूरी तरह से याद था कि कल शाम दिल्ली से आकर कोट की जेब से पर्स निकाला था और चारपाई पर रख दिया था। पर्स ही नहीं बल्कि सूटकेस से सारा सामान भी निकाला था। डायरी, शर्ट, पैंट, शेविंग किट सभी। उन्हें ठिकाने लगा ही रहा था कि बिहटा ग्राम से फोन आया। फोन अमित्रजित का था। उसने सानुनय अनुरोध किया कि यहाँ पर लोग अभी आपके दर्शन के लिए प्रतीक्षा कर रहे हैं। शाम के छः बज चुके थे। बाहर कुहरा छाता ही जा रहा था। शांति महोत्सव का कार्यक्रम बिहटा के एक गाँव में दिन के दो बजे रखा गया था। कार्यक्रम का उद्घाटन मुझे ही करना था, परंतु राजधानी एक्सप्रेस पटना जंक्शन पर सुबह साढ़े पाँच बजे की बजाय शाम के छः बजे पहुँची।

रेलवे विभाग को राजधानी जैसी गाड़ी के अप्रतीक्षित विलंब से कोई चिंता नहीं थी। रेलवे ही क्यों आजकल सरकार के प्रायः हर विभाग की यही स्थिति है। कर्मचारी और अधिकारी अपने संगठन का गलत लाभ उठाते हैं। उनकी गलती के लिए यदि किसी अधिकारी ने दंड दिया तो उसकी खैर नहीं। ईमानदारी से काम करने वाले अधिकारी ही परेशान किए जाते हैं। अंततः सरकार भी संगठित लोगों का ही साथ देती है। यद्यपि संगठित लोगों की संख्या दो प्रतिशत से अधिक नहीं है परंतु वे अट्ठानवे प्रतिशत असंगठित किसानों, मजदूरों, नागरिकों की कीमत पर अपनी स्वार्थ-सिद्धि करते हैं। यही तो आज का प्रजातंत्र है।

हमारे यहाँ समय और भाषण सबसे सस्ता है इसीलिए भाषण में न उलझकर

मैं सीधे विषय पर आता हूँ। स्टेशन से सीधे घर आया। सोचा था कि बिहटा में शांति महोत्सव का कार्यक्रम समाप्त हो गया होगा। कड़ाके की सर्दी में हर कोई अँधेरा होने से पूर्व घर जाकर अलाव के सामने के रजाई के अंदर रहने की इच्छा करता है। मैंने भी यही सोचा था अतः घर आते ही कार के ड्राइवर तथा सिक्यूरिटी को घर जाने की इजाजत दे दी। वे चले गए। कई दिनों के बाद वापस आया था। सूटकेस से सामान निकालकर ठीक से रखने के बाद ही आराम करना चाहता था कि इसी बीच फोन आ गया कि लोग अभी भी प्रतीक्षा में बैठे हैं। मैं थका हुआ था। सीधा जवाब दे दिया कि लोग कार्यक्रम समाप्त करके अपने-अपने घर जाइए। मैं अभी आराम करूँगा। परंतु अमित्रजित जिद करने लगा। वहीं कार्यक्रम का संचालक था। उसके आग्रह पर पुनः विचार करना पड़ा। लोग दोपहर से ही केवल मेरे लिए बैठे थे। मैंने अपनी थकावट का ध्यान न रखकर उनके बीच जाने का निश्चय कर लिया। अपने लिए जिए तो क्या जिए। ड्राइवर और सिक्यूरिटी को बुलाने के लिए एक चपरासी को भेजा। आधे घंटे बाद उसने आकर सूचना दी कि दोनों ही नहीं मिले। एक दूसरा ड्राइवर था। उसी को लेकर चल पड़ा। शांति महोत्सव का आयोजन एक स्कूल के प्रांगण में किया गया था। परिसर में ही एक शिवालय भी था। मुझे ये देखकर आश्चर्य हुआ कि कड़ाके की ठंड में भी रात्रि के नौ बजे स्कूल का प्रांगण लोगों से भरा था। स्कूल के बच्चे, आस-पास के गाँवों के लोग, आठ-दस ग्रामों की कीर्तन मंडलियाँ, कुछ स्थानीय पदाधिकारी, सभी इंतजार कर रहे थे। मेरे पहुँचते ही अमित्रजित खुशी से नाच उठा। लोगो के शीतप्रभावित मलिन मुख-मंडल पर प्रसन्नता की लहर पसर गई। कड़ाके की शीतलहरी में भी गर्मी का अहसास होने लगा।

पहुँचते ही स्कूल की ग्रामीण छात्राओं ने स्वागत किया। गर्म पानी से हाथ प्रक्षालित किया। दीप प्रज्वलित करके मैंने कार्यक्रम का उदघाटन किया। कार्यक्रम प्रारंभ हुआ। कीर्तनकारों ने अपनी-अपनी रचनाओं का रसास्वादन कराया। लोग झूम उठे। भक्ति रस, निर्गुण रस की सरिता प्रवाहमान हो उठी। ‘‘जहाँ आदमी विकाला वो बाजार न कहाला’’ गीत की बड़ी सराहना हुई।

बिहटा का यह क्षेत्र नक्सलप्रभावित क्षेत्र माना जाता है। इसीलिए मैंने यहाँ पर शांति महोत्सव का कार्यक्रम करने की सलाह दी थी। मेरा ऐसा अनुभव रहा है कि जिन-जिन क्षेत्रों में शांति महोत्सव का कार्यक्रम किया गया वहाँ के लोगों में बदलाव आया। सदियों से शोषण करने वाले लोगों की सोच में परिवर्तन हुआ। शोषण के शिकार गरीब, दलित लोगों में भी बदले की भावना शांत होने लगी। अत्याचार, शोषण एवं व्यभिचार करनेवाले यदि अपने में मानवता के गुण का समावेश कर लें तब गरीब-दलित नक्सलाइट क्यों बनेंगे? हथियार क्यों उठाएँगे? भूमिगत रहकर यातना की ज़िंदगी क्यों बिताएँगे?

कीर्तन मंडलियों में न केवल हर वर्ग-वर्ण-जाति के लोग थे, बल्कि प्रायः सभी मंडलियों के व्यास अनुसूचित या पिछड़ा वर्ग के ही लोग थे। सवर्ण पीछे-पीछे गायन करते थे। लोगों ने एकसाथ एक मंच से न केवल गाना गाया, बल्कि सबों ने एकसाथ बैठकर खाना भी खाया। लोग एक-दूसरे के निकट आए। दिल से दिल मिले। कडुवाहट कम हुई। शांति महोत्सव का यही उद्देश्य भी है। ईश्वर के दरबार में सभी बराबर होते हैं, परंतु पंडित-पुजारियों ने भगवान को भी बाँट रखा है। शांति महोत्सव अलगाव की खाई कम करता है।

कार्यक्रम करीब साढ़े दस बजे रात्रि में समाप्त हुआ। सड़क पर घना कुहरा पूरी तरह से छा गया था। मंथरगति से गाड़ी चल रही थी। कई बार ऐसा लगा कि अब एक्सिडेंट हुआ। गाड़ी का चालक बार-बार शीशा साफ करता परंतु कुहरा तो सड़क पर था---। गाड़ी के शीशे पर नहीं। गाड़ी की रोशनी आगे नहीं बढ़ पा रही थी। प्रकृति से आदमी कहाँ तक लड़ेगा। गाड़ी में रोशनी लगाई। फॉग लाइट बनाई। परंतु सब फेल। किसी तरह से कुहरा के अंदर घुसते-घुसते घर पहुँच गए। ठंडक जोरों की थी। सीधे बिस्तर में घुस गया। नींद कब आ गई याद नहीं। सुबह उठा तो सात बज गये थे। टहलने नहीं गया। बाहर कुहरा और घना हो गया था। आदमी क्या पेड़ तक दिखाई नहीं पड़ रहे थे।

कार्यालय जाने के लिए तैयार हुआ। पर्स गायब थी। मेरा ध्यान पुनः शांति महोत्सव के स्थल पर गया। रात्रि में जब चलने लगा तब लोगों की भीड़ मेरे आस-पास फैल गई थी। हर आदमी चाहता था कि निकट आकर कुछ बातें कर ले। मेरे मन में शंका जगी, ''यह नक्सलाइट क्षेत्र है, ऐसा न हो कोई हादसा हो जाय। मैं सतर्क था। पर्स पैंट के पीछे की जेब में थी। एक़ाध बार मैंने अपने हाथ से जेब को टटोला भी। पर्स अपनी जगह पर थी, पर बार-बार मुझको ऐसा लगता था कि ऐसा न हो कोई पीछे से पर्स निकाल ले।'' लेकिन फिर मन ने कहा, ''नक्सलाइट लोग चोर नहीं होते हैं।'' फिर भी, चोर मन में आया कि पर्स निकालकर कमीज की जेब में रख लूँ। परंतु ऐसा नहीं किया। आगे बढ़ता गया। मुझे भी गाड़ी में बैठने की शीघ्रता थी। भीड़ और ठंडक से छुटकारा पाना चाह रहा था।

दूसरे दिन जब पर्स नहीं मिली तो अमित्रजित की बात याद आई। उसने स्वागत भाषण में कहा था, ''यह क्षेत्र नक्सलाइट लोगों से भरा है। गत कुछ सालों से इस क्षेत्र में कत्ल होते रहे हैं। चारों ओर दहशत का वातावरण है फिर भी आपके नाम से लोग यहाँ पर जमे हुए हैं।'' मैंने अपने भाषण के दौरान जोरदार शब्दों में उसकी बातों का खंडन किया था। मैंने कहा था कि ''अमित्रजित का यह कहना कि यह क्षेत्र नक्सलाइट लोगों से भरा है, सही नहीं है। इसका प्रमाण है यहाँ पर इतनी रात्रि में, वह भी दिल छूने वाली ठंडक की रात्रि में, यहाँ के ग्रामीणों की उपस्थिति, जिसमें हर वर्ग-वर्ण के लोग हैं। कथा-कीर्तन का रसास्वादन ले रहे हैं। कहावत है कि जहाँ

हरि-कीर्तन होता है वहाँ पर देवताओं का वास होता है। यहाँ पर भी लोग देवरूप में बैठे हैं। यह शिव और सरस्वती का प्राँगण है। मन विकार विहीन हो गए हैं। और मानसिक आनंद आदमी को तभी मिलता है जब उसे बराबरी का अहसास होता है। यहाँ पर अमीर-गरीब, बूढ़े-बच्चे, बड़े-छोटे सभी बराबरी के वातावरण में आनंदित हो रहे हैं। यहाँ पर न तो आतंक की छाया है, और न अविश्वास का वातावरण।'' सामने बैठे लोगों को संबोधित करते हुए मैंने बात जारी रखी–

''बराबरी के वातावरण में ही प्रेम फलता है, आनंद की वर्षा होती है। प्रेम जैसा कृष्ण और राधा में था। कृष्ण और सूर में था, राम और हनुमान में था। एकबार राम ने हनुमान से पूछा कि हनुमान तुम मेरे पैरों के पास क्यों बैठे रहते हो। मेरा-तुम्हारा क्या रिश्ता है। इसपर बुद्धि-विवेकी हनुमान ने कहा कि मेरा आप से तीन तरह का संबंध हैं देह रूप में आप मालिक, मैं सेवक हूँ। मालिक-सेवक का संबंध है। जीव रूप में मैं आपका अंश हूँ और तत्त्व रूप में जो आप हैं वही मैं हूँ और जो मैं हूँ वही आप हैं। हममें-आपमें कोई अंतर नहीं है। यहीं पर बराबरी का रिश्ता है। प्रेम है, आनंद है। राम ने हनुमान को गले से लगा लिया। मैं आप लोगों से यह कहना चाहता हूँ कि आज से आप लोग भी बैर-भाव त्याग कर एक-दूसरे के गले लग जाइए। अविश्वास के अंतर को पाट दीजिए। प्रेम की नगरी में आनंद से रहना सीखिए। शोषण का नाश होगा। नक्सलवाद खत्म होगा और यदि आज के इस शांति महोत्सव के बाद भी इस क्षेत्र में शांति का साम्राज्य नहीं हुआ तो मेरा आना व्यर्थ है। आप लोग मुझे अपने व्यवहार से यह विश्वास दिलाइए कि आज से इस क्षेत्र में नक्सली गतिविधि समाप्त हो जाएगी।''

दसरे दिन जब पर्स नहीं मिला तब लगा कि मेरा पूरा भाषण बेकार गया। किसी ने शायद कल रात्रि में मेरा पर्स मार दिया है। पर्स गायब होने का इतना दुःख नहीं था जितना कि अपनी अपील की हार का, आत्मविश्वास के टूटने का था। पर्स में केवल डेढ़-दो सौ रुपए होंगे।

पर्स में गाड़ी का लाइसेंस भी था।

पर्स गायब हुए तीन-चार दिन बीत गये तब सोचा कि जिला परिवहन पदाधिकारी से अनुरोध करके डुप्लीकेट लाइसेंस बनवा लूँ।

मेरा मन बार-बार पर्स के गायब होने पर चला जाता था। इसी उधेड़बुन में याद आया कि जिस पैंट को पहन कर शांति महोत्सव में भाग लेने गया था वह पैंट तो धोबी के यहाँ गया है, शायद उसी में पर्स छूट गई हो। मेरी अनुपस्थिति में धोबी कपड़े ले गया था। मन में आया, यदि पैंट में पर्स होगी भी तो धोबी क्यों देने लगा। डेढ़-दो सौ ही सही। आज के जमाने में लोग दस रुपये के लिए जान तक ले लेते हैं। यहाँ तो डेढ़-दो सौ की बात है। धोबी दूसरों के कपड़ों की मैल साफ करता है। मैल साफ करते-करते इतनी मैल जमा हो गई होगी कि उसका चरित्र

भी मैल में आकंठ डूब गया होगा। केवल साधु-संत ही अपना चरित्र स्वच्छ रखकर दूसरों को चरित्रवान बनाते हैं परंतु जिसको अपनी सफाई का समय ही नहीं है वह भला चरित्रवान, ईमानदार कैसे हो सकेगा। बहरहाल, सोचा कि धोबी से पूछने में क्या हर्ज है। पर वह ऐसा न समझ ले कि मैं उसे चोर समझता हूँ। अंततः निश्चय किया कि डेढ़-दो सौ रुपयों के लिए किसी की नीयत पर क्यों शक करूँ। पूछकर उसे दुखी क्यों करूँ।

इतवार का दिन था। मैं सुबह ही किसी कार्यक्रम में भाग लेने चला गया था। एक बजे आया तब मेरी पुत्रवधू ने कहा, "पापा जी, आपकी पर्स मिल गई।" मैंने पूछा, "कहाँ थी।" उसने कहा, "आज सुबह धोबी कपड़ा देने आया था। उसी ने बताया कि साहब की पैंट में एक पर्स थी जिसमें करीब एक सौ नब्बे रुपए और कुछ पैसे थे परंतु वह आते समय उसे लाना भूल गया। बाद में देगा।" यह बात उसने तुम्हारे पूछने पर बतायी थी कि स्वयं बतायी" मैंने प्रश्न किया। "नहीं पापा, उसने स्वयं ही बतायी थी।" मेरी पुत्रवधू ने कहा।

बिहटा गाँव के तथाकथित नक्सलाइट लोगों की ईमानदारी और धोबी के चरित्र पर शंका बेबुनियाद थी। यह प्रकरण जब भी स्मरण होता है, आत्मिक ग्लानि से मेरा दिल बैठ जाता है।

जनतंत्र की जीत

रवींद्र सिंह का प्रथम पदस्थापन खलीलाबाद में अनुमंडल अधिकारी के रूप में हुआ। वह भारतीय प्रशासनिक सेवा का अधिकारी था। उसके युवा मन-प्राणों में कुछ कर गुजरने की ललक लहक रही थी। किसान बेटा था वह। गाँव की तमाम बारीकियाँ मालूम थीं उसे। भारतीय प्रशासनिक सेवा के अधिकारी का प्रारंभिक जीवन प्रायः प्रत्येक प्रकार के प्रभावों से परे होता है। वह न्याय के लिए भगवान से भी भिड़ जाने का मनोबल रखता है। यह और बात है कि दस-बारह वर्ष के बाद उसकी तनी-तनी सुदृढ़ रीढ़ भले टेढ़ी होने लगे।

तब रवींद्र सिंह अविवाहित था और विराट् सरकारी बँगले में अकेले ही रहता था। उसका बँगला शहर के एक किनारे पर था। बँगले के बाद ग्रामीण बस्ती थी। उसके बँगले के निकट ही एक वाल्मीकि का मकान, मकान क्या झोंपड़-पट्टी थी। वाल्मीकि का दायित्व अनुमंडल अधिकारी के घर-परिसर को स्वच्छ रखना था। रविवार का दिन था। रवींद्र सिंह अपने बँगले के परिसर में टहल रहा था। प्रतिदिन की भाँति वाल्मीकि परिसर की सफाई में लगा था। अधेड़ उम्र, दुर्बल देह पर जीर्ण-शीर्ण बनियान एवं कमर में लुंगी बँधी थी। अधपके रूखे बाल मंद-मंद हवा में लहरा रहे थे। रवींद्र ने उसे पुकारकर समीप बुलाया और सम्मानित शब्दों में पूछा, ''बाबा तुम्हारा क्या नाम है।''

''सरकार बुद्धू वाल्मीकि'' उसने सहमते हुए जवाब दिया। रवींद्र सिंह के अनुमंडल अधिकारी के रूप में योगदान देने के दिन से ही यह बात जंगल की आग की तरह चतुर्दिक पसर गई थी कि साहब बड़े सख्त मिजाज के हैं। बिना आवश्यकता की कोई बात नहीं करते हैं। इसीलिए बुद्धू का सिहरना-सहमना सहज स्वाभाविक था।

''बुद्धू तो समझ गया, लेकिन वाल्मीकि का क्या मतलब है बाबा?'' रवींद्र सिंह का बाबा संबोधन उसे अच्छा लगा।

"सरकार बहादुर, यह हम मूरख को क्या पता? हमारी जाति के नेता मंगल राम कई साल पहले आए थे। उन्होंने ही कहा था कि हम लोगों को वाल्मीकि लिखना चाहिए क्योंकि हम लोग 'रामायण' लिखने वाले वाल्मीकि के वंशज हैं। उन्हीं के कहने से हम सफाई करनेवाले अब अपने को वाल्मीकि कहते हैं। बड़े अच्छे आदमी थी।"

"थे! अब नहीं हैं क्या?" रवींद्र सिंह ने प्रश्न किया।

"सरकार, उनको तो जमींदार ने गोली मरवा दी।"

"क्यों बाबा?" युवक रवींद्र सिंह का औत्सुक्य अँगड़ाई ले उठा।

"सरकार, उनके भाषण में जोश था। वे जुल्म करनेवालों का विरोध करते थे। आजादी की लड़ाई में भी वे आगे थे।"

"किस जमींदार ने गोली मारी थी बाबा?"

"यह हम कैसे कहें सरकार!"

"नहीं बताओ, डरने की कोई जरूरत नहीं।" रवींद्र सिंह ने साहस-संचारिणी शब्दावली में कहा।

बुद्धू ने फुसफुसाती आवाज में रवींद्र सिंह के निकट आकर कहा, "सरकार, सुना है कि एक दिन मंगलराम किसी गाँव से सभा करके जा रहे थे। जमींदार राय साहब के आदमी मार्ग में घात लगाये बैठे थे। रात के अँधेरे में उन लोगों ने उन्हें गोली मार दी।"

"राय साहब पकड़े नहीं गये। कोई केस नहीं हुआ क्या?"

"हुआ था सरकार। पर, कोई गवाह नहीं मिला। सब छूट गए। और राय साहब तो पकड़े भी नहीं गए। सुना है दारोगा साहब ने इस मामले को रफा-दफा करने के लिए पचीस हजार रुपये लिए थे। सरकार किसी से कहिएगा नहीं, नहीं तो जमींदार साहब हमें भी मार डालेंगे।"

"नहीं कहूँगा बाबा, तुम घबराओ नहीं। राय साहब किस गाँव के हैं?"

"यही सामने वाला गाँव तो है सरकार। ततैया गाँव। पक्का मकान उन्हीं का है।"

"उस गाँव का प्रधान कौन है?"

"वही बाबू साहब, राय साहब सरकार। वही प्रधान है, वे ही वहाँ के सर्वे-सर्वा हैं।"

"उस गाँव में और कौन लोग रहते हैं?"

"गाँव के बाकी लोग गरीब हैं। हरिजन हैं, पिछड़े लोग हैं। कुछ मुसलमान भी हैं। पर सबके-सब भूमिहीन हैं। गाँव की सारी जमीन राय साहब की है। बाकी लोग उन्हीं के खेत में काम करते हैं।" बुद्धू ने विनम्रता से इधर-उधर निगाह दौड़ाते हुए खुसफुस किया।

"इस गाँव में भूमि सुधार, चकबंदी आदि नहीं हुई है क्या?"

"हुई है सरकार, परंतु बाबू साहब ने सरकारी अफसरों को मिलाकर सारी जमीन अपने कब्जे में कर ली है। सरकारी कर्मचारी उन्हीं के दलान में रहते हैं, खाते-पीते हैं। बाबू साहब जो कहते हैं वे वही करते हैं। यदि किसी कर्मचारी ने इधर-उधर करने की जुर्रत की, तब उसका या तो बड़े साहबों से कहकर तबादला करा देते हैं या जान से मारने की धमकी देकर अपने वश में कर लेते हैं। जान तो सबको प्यारी होती है हुजूर।"

"इस क्षेत्र का एम.एल.ए. कौन है, जानते हो।"

"कौन नहीं जानता सरकार। राम बालक राम हैं यहाँ के एम.एल.ए.। वे भी राय साहब की मर्जी से ही जीतते हैं। इसलिए वे भी वही करते हैं, जो राय साहब चाहते हैं।"

"लोग ऐसे आदमी को वोट क्यों देते हैं, जो उनका ख्याल नहीं रखता।"

"वोट? सरकार, वोट तो लोग बाबू साहब के हुकुम से देते हैं। यदि कोई मनमानी करता है तब उसे वोट देने नहीं देते हैं, राय साहब के लठैत! पिछले चुनाव में एक पढ़े-लिखे लड़के ने लोगों को समझाने का प्रयास किया। बाबू साहब के आदमियों ने उसे लाठियों से लहुलुहान कर दिया। फिर वह बेचारा चुप हो गया।"

"बुद्धू, तुमको तो बहुत जानकारी है। यह सब कहाँ से मालूम करते हो।"

"सरकार, मैं अपने नेता मंगल राम की बैठकों में लुक-छिपकर भाग लेता था" इतना कहते ही उसे अचानक लगा कि वह अधिक बोल गया। फिर सतर्क होकर उसने कहा, "सरकार माफ करें। गलती हो गई, जो अधिक बोल गया। जमींदार साहब को यदि मालूम हो गया तो मेरी खैर नहीं।"

"घबराओ नहीं। यह बात किसी को मालूम नहीं हो पाएगी। जाओ अब अपना काम करो।"

रवींद्र सिंह को लगा कि गाँव में आग कहीं न कहीं मौजूद है और उस चिंगारी को ढूँढ़ निकालना चाहिए जो ज्वाला बनकर गाँव के विमूर्च्छित शौर्य को जगा सके। जो लोगों को अधिकार की ज्योति दे सके। उसने ततैया गाँव के बारे में पता लगाया। पता चला कि गाँव में केवल एक अदद जमींदार है। बाकी सब गरीब, मजदूर हैं। उनको अपने अधिकार का ज्ञान नहीं है। जनतंत्र में वोट जनता का सबसे बड़ा अधिकार है, सबसे बड़ा हथियार है। परंतु अधन-असह्य और उत्पीड़ित जनता अपने वोट को एक शक्ति के रूप में संगठित नहीं कर पाती। रवींद्र सिंह का ध्यान आसन्न पंचायत चुनाव पर केंद्रित हो गया।

एक दिन सायंकाल वह अपने कार्य-कक्ष में काम कर रहा था। चपरासी ने सामने आकर सलाम किया और बोला, "हुजूर यहाँ के विधायक राम बालक राम जी आए हैं।"

"बुलाओ।" रवींद्र सिंह ने सहज स्वर में कहा।

रवींद्र सिंह ने खड़े होकर विधायक का स्वागत किया और सामने कुर्सी पर बैठने का अनुरोध भी। धन्यवाद देते हुए विधायक जी कुर्सी पर बैठ गए और कहने लगे—''एस.डी.एम. साहब, आपके आने से यहाँ के लोगों का हौसला बुलंद हो गया है। लोग कहते हैं कि आप गरीबों की मदद करते हैं। अन्याय के सख्त विरोधी हैं। यहाँ पर आप जैसे ईमानदार, साहसी और निष्पक्ष अधिकारी की ही आवश्यकता है।''

''धन्यवाद विधायक जी। बोलिए, आपने कैसे कष्ट किया। मैं आपकी क्या सेवा कर सकता हूँ।''

''सेवा नहीं एस.डी.एम. साहब। लोगों से आपकी प्रशंसा सुनकर मैं बस दर्शनार्थ आ गया। यदि हमसे कोई काम हो तो बताइगा।''

''विधायक जी, अच्छा हुआ आपसे मेरी मुलाकात हो गई। मुझे आपसे अत्यंत आवश्यक कार्य है। मैं आपसे मिलने को इच्छुक ही था।''

''कहिए साहब। मैं आपके लिए क्या कर सकता हूँ?'' विधायक जी ने प्रश्न किया।

''सुना है, आपका कोई प्रतिद्वंद्वी मंगलराम यहाँ बड़ा लोकप्रिय था। शायद चुनाव भी लड़ने की सोच रहा था। परंतु किसी ने उसका कत्ल कर दिया।'' एस. डी.एम. रवींद्र सिंह ने बड़ी सहजता से प्रतिप्रश्न किया।

''मंगल राम, वह साला भंगी का बेहूदा बच्चा। वह क्या खाक मेरी बराबरी करता। परंतु हाँ भगवान ने उसे चुनाव लड़ने का अवसर ही नहीं दिया। पर एक बात थी उसमें। वह भाषण बड़ा जोशीला करता था। एक बार मैंने भी उसका भाषण सुना था। अब आपका समय क्यों बरबाद करूँ।''

''नहीं-नहीं, बोलिए विधायक जी। जब तक हम लोग एक दूसरे के मन को नहीं जानेंगे तब तक कोई काम नहीं हो सकेगा। इस क्षेत्र के विकास के लिए आप भी चिंतित रहते हैं। आपके सहयोग से ही तो मैं कुछ कर सकूँगा। आप तो अनुभवी हैं और मैं अभी कुछ महीनों पहले ही विश्वविद्यालय से निकला हूँ।'' रवींद्र सिंह ने विधायक की मानसिकता के मर्मोद्घाटन के निमित्त बात आगे बढ़ाई।

''सिंह साहब, मुझे मंगल राम के उस दिन के भाषण का एक-एक शब्द याद है। वह बोल रहा था कि—देश आजाद हुआ। चारों ओर प्रसन्नता का सैलाब आ गया। अमीर-गरीब, छोटे-बड़े, ऊँच-नीच, राजा-रंक, स्त्री-पुरुष, किसान-मजदूर सभी ने अपने सीने पर तिरंगा चिपका लिया। नेताओं ने भाषण दिये। अब अपना राज हो गया है, देश का हर नागरिक समान है, सबके अधिकार बराबर हैं। अब आप अपना नेता स्वयं चुन सकते हैं। आप अपने कर्मबल से किसी भी कुर्सी के हकदार बन सकते हैं। गाँव की समस्याएँ गाँव की पंचायतों के माध्यम से सुलझायी जाएँगी। अब हम अपने भाग्य विधाता स्वयं होंगे। जो अच्छा कर्म करेगा, समभाव को स्वर

देगा, समता में विश्वास करेगा तदनुसार काम करेगा, अब वही जन-प्रतिनिधि बन सकेगा। हम लोग राय साहब जैसे बड़े लोगों की बातों में आ गये। उन्हें ही नेता चुन लिया। परंतु राजसत्ता मिलते ही उनका मन बदल गया। कितने नेता तो त्याग की कीमत ढूँढ़ने लगे। लोक-जीवन में पारस्परिक वैमनस्य के विष-बीज अंकुरित करने लगे। पंचायतीराज लागू किया गया। एक बार जो पंचायत का प्रधान चुन लिया गया, उसने प्रधान के पद को अपनी जायदाद मान ली। बहुसंख्यक गरीब, पिछड़े पिछड़ते गए, यदि किसी ने विरोध की बात की तब उसकी आवाज हमेशा के लिए बंद कर दी गई। परंतु साथियो, अब समय बदल गया है। हमें अपने अधिकार के लिए पूरे बल से लड़ना है। जमींदार का पिछलग्गू नहीं बनना है। अगले चुनाव में आप अपने वोट की शक्ति को अवश्य प्रदर्शित कीजिए।

''उसका भाषण सुनकर मेरा माथा ठनका था। इसकी जानकारी यहाँ के प्रधान राय साहब को भी हो गई। परंतु विधि का विधान देखिए, किसी ने उसका खून कर दिया। वह रहता तो चुनाव लड़ने में भी मजा आता।''

''अच्छा तो साहब मैं चलता हूँ।'' विधायक जी उठने के लिए कुर्सी के दोनों हाथों पर अपने हाथ रखे ही थे कि तभी एस.डी.एम. रवींद्र ने एक और अनुरोध किया।

''विधायक जी, सुना है कि ततैया ग्राम पंचायत में गरीबों को मतदान में भाग नहीं लेने दिया जाता है। आप यहाँ के विधायक हैं। गरीबों के विधायक हैं। आगामी चुनाव में आप ग्रामप्रधान के पद के लिए किसी ऐसे व्यक्ति को खड़ा करें, जो गरीबों को स्वाधीनता का सुख दिला सके।''

''ततैया ग्राम के प्रधान तो बाबू ज्वाला प्रसाद राय जी हैं। बड़े अच्छे व्यक्ति हैं। लोगों को उनसे कोई शिकायत नहीं है। कोई उनके खिलाफ पर्चा ही नहीं भरता है। यहाँ का विधायक होने के नाते मैं लोगों की मानसिकता जमकर जानता हूँ।'' विधायक जी ने अपने लहजे में कहा।

''आप शायद ठीक कहते होंगे विधायक जी, परंतु मेरा कहना यह है कि गरीबों को भी अधिकार का कुछ अंश मिलना चाहिए। आप भी यही चाहते होंगे। इस बार किसी गरीब को ग्रामप्रधान पद के लिए प्रत्याशी बनाइए।''

''यह मेरे लिए संभव नहीं हो पाएगा एस.डी.एम. साहब।'' विधायक जी ने अपनी असमर्थता व्यक्त की।

''क्यों, क्या कठिनाई है।''

''यह नहीं हो सकता है। मैं राय साहब के खिलाफ नहीं जा सकता। वे ही तो मुझे विधायक के चुनाव में मदद करते हैं। मैं उनका विरोध कैसे कर सकता हूँ।''

''आप गरीबों का साथ नहीं देंगे, तब कौन देगा!'' एस.डी.एम. ने आश्वासन दिया।

विधायक के भीतर का दबा मन फूट पड़ा। वे अवचेतन के आदेश पर बोल उठे, "वो गोली मार देंगे। जो भी विरोध करेगा, राय साहब उसको गोली मार देंगे।"

"मैं पूरी सुरक्षा दूँगा विधायक जी।" एस.डी.एम. ने आश्वासन दिया।

"देखिए एस.डी.एम. साहब, आप अभी नये हैं। यहाँ की यति-गति नहीं जानते। राय साहब ने थोडी-सी जमीन के लिए अपने भाई तक को नहीं छोड़ा। फिर हम लोगों की क्या बिसात है। अच्छा साहब, मैं चलता हूँ।" इतना कहकर विधायक जी कमरे से बाहर निकल गए।

रवींद्र सिंह के दौड़ते दिमाग को विराम नहीं लगा। वे और तेजी से जोड़-घटाव करने लगे। उन्होंने सोचा कि उस नवयुवक को बुलाया जाय जिसको विधानसभा के गत चुनाव में राय साहब ने गुंडों से पिटवाया था। उन्होंने बुद्धू को उस नवयुवक को बुला लाने का निर्देश दिया।

रवींद्र सिंह ने सोचा कि जो लड़का बिना किसी सहारे के राय साहब की मुखालिफत कर सकता है, यदि उसे शासन का सहयोग मिले तो शायद वह चुनाव लड़ने का साहस सँजो सके। वैसे भी अंदर-बाहर दोनों ओर से आहत है।

सूर्य अपना जाल समेट चुका था। पशु-पक्षी अपने-अपने बसेरे की बाट पकड़ चुके थे। अँधेरा धीरे-धीरे अपने साम्राज्य को सघनता प्रदान कर रहा था। ततैया गाँव के एक टोले से कोई नवयुवक आता हुआ दिखाई दिया। बुद्धू समझ गया कि वह नवयुवक और कोई नहीं बल्कि नरेश प्रसाद का बेटा राम किशोर ही है। राम किशोर लखनऊ विश्वविद्यालय से बी.ए. करके कम्पटीशन की तैयारी कर रहा है और साथ ही गाँव वालों को अपने अधिकारों के लिए जागरूक करने का भी काम करता है।

बुद्धू वाल्मीकि ने राम किशोर के साथ अनुमंडलधिकारी के कार्य-कक्ष में पर्दा हटाकर प्रवेश किया और निवेदन किया, "सरकार, राम किशोर भैया आ गये हैं।"

अनुमंडलाधिकारी रवींद्र सिंह ने उसे कुर्सी पर बैठने का इशारा किया और बुद्धू से बाहर जाने को कहा। युवक खड़ा रहा। एस.डी.एम. ने पुनः उसे बैठने का संकेत किया। डरते-डरते वह कुर्सी पर बैठ गया। उसको पता नहीं था कि एस.डी.एम. ने उसे किसलिए बुलाया है। फिर भी राम किशोर के चेहरे पर आत्म-विश्वास की आभा झिलमिला रही थी।

"तुम्हारा नाम राम किशोर है।" एस.डी.एम. ने पूछा।

"यस सर।"

"क्या करते हो अभी?"

"कुछ नहीं सर। बी.ए. करके कम्पटीशन की तैयारी कर रहा हूँ।"

"बहुत अच्छा! सुना है कि गाँव के प्रधान ने पिछले चुनाव के समय तुम्हारे साथ मार-पीट की थी। क्या यह सच है?"

"यस सर, मैं एक पोलिंग बूथ पर बोगस वोटिंग का विरोध कर रहा था। इसी पर.... ।"

"मैं समझ गया। तुम्हें आतंकित होने की कोई आवश्यकता नहीं है। मैं चाहता हूँ, तुम अपना काम करते रहो। ग्रामपंचायत के अगले चुनाव में तुम प्रधान के पद के लिए चुनाव लड़ो।"

"मुझे तो कोई डर नहीं है परंतु मेरे घर के लोग डरते हैं कि कहीं राय साहब गोली न मार दें।"

"तुम चिंता मत करो, तुम्हारी सुरक्षा मेरी जिम्मेदारी है। चुनाव की घोषणा होते ही मैं राय साहब की बंदूक थाने में जमा करवा दूँगा और तुम्हारी पूरी सुरक्षा का पुख्ता इंतजाम करूँगा। तुम्हारे जैसे नौजवानों से देश को कुछ आशाएँ हैं।" एस.डी.एम. ने आश्वासन दिया और पीठ थपथपाकर उसकी हिम्मत बढ़ाई।

ग्रामपंचायत चुनाव का कार्यक्रम घोषित हो गया। हर गाँव के लोग सक्रिय होने लगे परंतु ततैया गाँव के लोग पूर्व की भाँति प्रत्यक्षतः निष्क्रिय-से लगे। राम किशोर एस.डी.एम. के संपर्क में रहता था। गाँव की सभी बातों का पता उससे मिलता रहता था।

प्रधानी का पर्चा भरने के अंतिम दिन करीब बारह बजे एस.डी.एम. साहब प्रखंड कार्यालय पहुँचे। उन्होंने वहाँ के प्रखंड विकास पदाधिकारी रामकृष्ण सोनकर से पूछा कि अब तक ततैया ग्रामपंचायत के लिए कितने पर्चे भरे गये हैं। बी.डी.ओ. ने कहा, "सर, उस पंचायत के लिए तो केवल एक ही नाम था जो विजयी घोषित किया गया। सुना है कि वहाँ के वर्तमान प्रधान राय साहब के विरुद्ध पर्चा भरने की किसी की हिम्मत ही नहीं है।"

"हिम्मत दिलाना तो शासन का काम है, बी.डी.ओ. साहब। रास्ते में लोग कह रहे थे, किसी नवयुवक ने प्रधानी का पर्चा भरा था।"

"हाँ सर, भरा तो था परंतु उसने अपना नाम वापस ले लिया। क्या करते हम लोग। राय साहब को विजयी घोषित करना ही पड़ा।"

"बी.डी.ओ. साहब, हमें लगता है कि आप भी गरीबों के खिलाफ हैं और कानून का अनुपालन नहीं करते हैं।" एस.डी.एम. की इस बात से बी.डी.ओ. की कुर्सी काँपने लगी। वे घबरा-से गये। मुख से पूरा वाक्य निकलने में कठिनाई होने लगी। उन्होंने लड़खड़ाते स्वर में कहा, "सर मैंने कुछ नहीं किया है। मैं सब आदेश मानने को तैयार हूँ।"

"सोनकर जी, आपको पता है कि पर्चा भरने का समय पाँच बजे तक है और आपने बारह बजे के पूर्व ही अपना निर्णय भी दे दिया। आप यह भी जानते हैं कि नौमिनेशन वापस लेने की तिथि में अभी तीन दिन बाकी हैं, उसके पूर्व नाम वापस लेने का प्रश्न ही नहीं उठता। आपने राम किशोर का पर्चा कैसे वापस कर दिया?"

राम किशोर का नाम सुनकर बी.डी.ओ. को लगा कि एस.डी.एम. साहब को हर बात की जानकारी है। संभव है तथ्य को छिपाने से मामला और उलझ जाएगा। उन्होंने हाथ जोड़कर कहा, "सर गलती हो गई। राय साहब ने हमें भी धमकाया था। क्या करता। पर आपका जैसा हुक्म होगा मैं वैसा ही करूँगा।"

"आपने हमें या तहसीलदार को खबर दी कि राय साहब आपको धमकी दे रहे हैं, और राय साहब की बंदूक और रायफल अभी तक थाने में जमा क्यों नहीं हुई।"

बी.डी.ओ. चुप। एस.डी.एम. ने थानाध्यक्ष को बुलाकर निर्देश दिया, "राय साहब की रायफल आदि अभी थाने में जमा कर मुझे लिखित सूचना दी जाए।"

स्वाधीनता मिलने के पाँच दशक बाद ततैया ग्राम के जमींदार की रायफल और बंदूक आदि पहली बार थाने में जमा हुई। कितने चुनाव आए और गए परंतु शासन की हिम्मत नहीं हुई कि उनके शस्त्र थाने में जमा करने का कोई आदेश निर्गत करे। शस्त्र जमा होने और राम किशोर का जमींदार के विरुद्ध पर्चा भरने की बात पूरे गाँव जवार में जंगल की आग की तरह फैल गई। गरीबों ने प्रसन्नता और विश्वास का अपूर्व अनुभव किया। चारों ओर नवजवान एस.डी.एम. रवींद्र सिंह की चर्चा चल पड़ी। बड़ा हिम्मती है। ईमानदार है और गरीबों का तो मसीहा ही है अन्यथा राम किशोर की कहाँ हिम्मत कि वह राय साहब के विरुद्ध प्रधानी का पर्चा भरता। जमींदार का मनोबल म्लान पड़ रहा था परंतु उसने यह ऐलान कर दिया कि चुनाव तो हमें ही जीतना है। इस पंचायत के लोगों को यदि जिंदा रहना है तब उन्हें वोट तो हमें ही देने पड़ेंगे।

जमींदार की धमकी का प्रतिवेदन एस.डी.एम. तक पहुँचा। कुछ लोगों ने एस.डी.एम. के न्यायालय में रिपोर्ट की कि राय साहब और उनके आदमियों से शांति भंग होने की आशंका हैं इस पर एस.डी.एम. ने राय साहब के विरुद्ध धारा 107 की कार्यवाही शुरू कर दी। राय साहब को शांति बनाए रखने के लिए बांड भरना पड़ा। इससे गरीब लोगों में शासन के प्रति विश्वास और सुदृढ़ हो उठा। वे न्याय के प्रति आशान्वित होने लगे। वोट और एकता को महत्त्व का उन्हें अहसास होने लगा।

चुनाव का प्रचार-कार्य समाप्त हुआ। कहीं से किसी प्रकार की अप्रिय घटना इस बीच नहीं हुई। एस.डी.एम. रवींद्र सिंह ने संतोष की साँस ली। फिर भी उन्होंने थाने को और सतर्क कर दिया। चुनाव के दिन और उसके बाद की चौकसी और कड़ी कर दी। जमींदार के चरित्र-वृत्त को देखते हुए ततैया पंचायत के क्षेत्र में पुलिसबल बढ़ा दिया गया। जिला के तीन और दारोगा वहाँ तैनात कर दिए गए।

चुनाव संपन्न हुआ। विधि-व्यवस्था की समीक्षा हेतु रवींद्र सिंह ने ततैया ग्राम का भी भ्रमण किया। गाँव के लोगों से मिले। किसी ने कोई शिकायत नहीं की।

सबने समवेत स्वर में कहा, ''सर, पहली बार यहाँ निष्पक्ष और निर्भीक मतदान हुआ है।'' रवींद्र सिंह को आत्मिक संतोष मिला।

मतगणना का समय आया। प्रखंड मुख्यालय में मतगणना हुई। जमींदार साहब गणना की रिपोर्ट अपने आदमियों से लेते रहे। मतगणना पूरी होने के बाद परिणाम घोषित हुआ। कुल 149 वोट पड़े थे जिनमें राम किशोर के पक्ष में 139 वोट थे। जय-जयकार के तुमुल नाद से आकाश निनादित हो उठा। ''जनतंत्र की जीत हुई है। पहली बार, पहली बार।''

चूहे का शिकार

रात के तीन बज रहे थे। मैं प्रगाढ़ निद्रा में था। बाथरूम से पत्नी की घबराई हुई आवाज आई। नींद उचट गई, पर वह इतनी गहरी थी कि उठने की इच्छा नहीं हुई। फिर तीखी चीख सुनाई पड़ी। ''आइए ना, जल्दी आइए, नहीं तो भाग जाएगा। जल्दी आइए।'' मैं बिना चप्पल पहने ही बाथरूम की ओर दौड़ पड़ा। अत्यंत सघन अँधेरा था कमरे में। अलमारी से टकराते-टकराते बचा। बाथरूम बंद था। मैंने साश्चर्य पूछा, ''क्या हुआ।'' ''अरे! हुआ कुछ नहीं। एक बड़ा-सा चूहा बैठा है। इसको मारिए। जल्दी करिए, नहीं तो यह मेरे ऊपर कूद पड़ेगा।'' पत्नी बाथरूम के अंदर से ही घबराहट भरे स्वर में बोली। मैंने उन्हें आश्वस्त करते हुए कहा, ''दरवाजा खोल दो, भाग जाने दो। क्या मारना बेचारे चूहे को। दरवाजा खोलकर बाहर आ जाइए। वह भी निकल भागेगा।'' ''अरे डंडा लेकर आइए। इसे तो मारना ही होगा। बहुत तंग करता है।'' पत्नी ने अपनी बात पर बल दिया। मैंने पुनः टालने की कोशिश की, ''डंडा कहाँ है? रात में इसे कहाँ ढूँढ़ें। जाने दीजिए।'' परंतु पत्नी नहीं मानी। उसने कमरे से ही कहा कि ''अलमारी के ऊपर डंडा रखा है। ले लीजिए। इसको बिना मारे काम नहीं चलेगा। घर में बड़ा नुकसान करता है।''

मेरे सामने अब कोई विकल्प नहीं था। अन्यमनस्क भाव से शयनकक्ष की लाइट जलाई। अलमारी के ऊपर से डंडा निकाला। डंडा क्या, किसी तीर्थ से लाई हुई कुबरी थी, जिसका एक सिरा टेढ़ा किया गया था, ताकि उसे थामकर चलनेवाले को सहारा और सुविधा मिल सके। लकड़ी को तराश कर बनाया गया वह तथाकथित डंडा देखने में बड़ा सुंदर था। तीर्थ स्थान से लाई गई कुबरी से चूहे को शिकार करना मुझे प्रीतिकर नहीं लग रहा था। अतः मैंने चूहे को न मारने के अंतिम प्रयास-क्रम में पत्नी से कहा, ''डंडा कमजोर है। चूहा मारने से टूट जाएगा। छोड़िए, जाने दीजिए, बेचारे चूहे को।'' पत्नी का स्वर ऊँचा उठ आया। वह भी क्या करती। बाथरूम में एक बेचार चूहा और साथ में वह भी बंद थीं। वह बंद क्या थीं उन्होंने तो स्वयं दरवाजा बंद कर

रखा था जिससे चूहा भाग न सके। उसने किंचित क्रोधाकुल स्वर में कहा, ''देखिए ना, कैसे घूर रहा है। जल्दी में डंडा लाइए। उस रात सोते समय इसी ने मेरे पैर के अँगूठे को अपने पैने दाँतों से रक्तरंजित किया था।''

चूहे द्वारा पत्नी के पैर का अगूँठा काटने का वह प्रकरण सुनकर मेरे अंदर का पौरुष प्रदीप्त हो उठा। इसकी ये हिम्मत। एक अबला नारी पर अकारण आक्रमण कर दिया, वह भी चोरी-चोरी रात के अँधेरे में। अब तो इस दुष्ट को मारना ही पड़ेगा। 'वीमेन लिव' के जमाने में चूहे की यह हिम्मत कि वह एक स्त्री के पैर के अँगूठे को कुतर दे। यह सह्य नहीं हो सकता। मैंने कुबरी को उलटा करके मजबूती से पकड़ा और कहा, ''दरवाजा खोलकर आप धीरे से बाहर आ जाइए। मैं स्नान-कक्ष में प्रवेश करता हूँ। अब तो इसको मारना ही पड़ेगा।''

वह दबे पाँव दरवाजा खोलकर बाहर आई। दरवाजे पर मैंने पत्नी का भयभार-बोझिल मुखड़ा देखा। मेरी क्रोधाग्नि और भभक उठी। मैंने कुबरी के साथ बाथरूम में प्रवेश किया और भीतर से दरवाजा बंद कर दिया। चूहा बड़ा तगड़ा और तंदुरुस्त था। बाथरूम में पुराने ढंग का पुराना सिस्टम था। पानी का पाइप लंबा था। पाइप के ऊपर चूहा अपनी दोनों हिंस्र आँखों से मुझे गुस्से से देख रहा था। मुझे, एक बार फिर उस अदना-से जीव पर दया आई, पर शीघ्र पत्नी की बात मेरे दिमाग में हथौड़ा मारने लगी कि इस दुस्साहसी दुष्ट ने उसके नर्म अँगूठे को कुतरने का कुकर्म किया था। मैंने डंडा उठा लिया, परंतु मेरे प्रहार करने के पूर्व ही चूहा नीचे कूद पड़ा और बाल्टी की ओट में शरण लेने का प्रयास किया। मेरी निगाहें चूहे का पीछा कर रही थीं। बाल्टी के पीछे कुबरी से प्रहार किया। निशाना चूक गया। चूहा भागकर पुनः पाइप पर चढ़ने लगा, परंतु इस बार कुबरी ने धोखा नहीं दिया। निशाना सही पड़ा। परंतु वह इतना प्रभावी नहीं बन पड़ा कि चूहा मर सके। अब वह बाथरूम के दरवाजे की ओर भागा। दरवाजा तो मैंने पहले से ही बंद कर रखा था। जब तक वह पीछे मुड़कर बचने का कोई मार्ग खोजता, मेरी कुबरी उसकी पीठ पर पड़ी। अगला कदम बढ़ाने से पहले ही दूसरा प्रहार उसकी दुम पर। वह वहीं असहाय अधमरा-सा स्थिर हो गया। यह सोचकर कि वह फिर उठकर कहीं भागे, मैंने एक डंडा और दे मारा। अब वह वहीं ढेर हो गया। रक्त के छींटे अगल-बगल में छितरा गए। मैंने संतोष की साँस ली। पत्नी के सामने मर्दानगी का जलवा दिखाने का यह अनूठा अवसर था जिसे मैं चूकना नहीं चाहता था। जीवन में मैने पहली बार चूहे का शिकार किया था। मैंने खुद अपनी पीठ थपथपाई। पत्नी के अँगूठे पर प्रहार का मैंने उससे जबर्दस्त बदला ले लिया था। मैंने दरवाजा खोला। पत्नी दरवाजे पर ही थी। मैंने गर्वित शब्दों में कहा, ''तुम्हारा दुश्मन मारा गया।''

अब समस्या थी उस मृत मुस्टंडे चूहे को ठिकाने लगाने की। रात्रि में क्या किया जाय। मेरे लड़के ने कहा, ''चपरासी को बुलाते हैं।'' मैंने सोचा, तीन बजे रात्रि में

चपरासी को बुलाना, वह भी निष्प्राण चूहे को उठाकर कहीं फेंकने के लिए, अच्छा नहीं लगता। चपरासी भी क्या सोचेगा। चूहा मार तो सकते हैं, साहब, परंतु मृत चूहे को उठाकर फेंकने की हिम्मत नहीं रखते। मैंने कहा, "कोई जरूरत नहीं। अखबार का टुकड़ा लाओ। मैं ही फेंक देता हूँ।" अखबार लाया गया। मैंने चूहे के पार्थिव शरीर को अखबार में लपेटकर मकान की सीमा के बाहर फेंक दिया। चूहे को ठिकाने लगाकर मैंने कमरे की बत्ती बुझाई और चारपाई पर जाकर जयपुरिया रजाई में घुस गया। थोड़ी ही देर में नींद आ गई। स्वप्न में भी चूहा मुझे आँखें फाड़-फाड़ कर घूरे जा रहा था।

सुब उठा। अन्य दिनों की अपेक्षा आज नींद देर से टूटी। बाहर आकर लॉन में टहलने लगा। देर से उठने के कारण आज संजय गाँधी उद्यान नहीं जा सका। चहारदीवारी के बाहर दो-चार युवकों की भीड़ देखी। कोई विशेष विस्मय नहीं हुआ। वैसे भी आजकल सड़कों के किनारे अकारण ही दो-चार लोग खड़े दिख ही जाते हैं। मेरे घर के समीप ही लोक सेवा आयोग का कार्यालय है। वहाँ पर एक लड़का परीक्षा का फार्म खरीदने आता है। तभी उसके साथ दो-चार लड़के, उसके मनोबल को उन्नत करने के लिए उसके साथ हो लेते हैं। सड़क के किनारे ठेलिया पर चाय की दुकान पर खड़े हो जाएँगे। दो-चार कप चाय पिएँगे। यदि समोसा मिल गया तब उनकी पिकनिकी प्रसन्नता के क्या कहने। पैसे का भुगतान तो बेचारे परीक्षार्थी को ही करना होगा। कुछ लड़कों के समूह चौराहे की बगल में खड़े होकर गप्पें मारते रहते हैं, पर निरुद्देश्य नहीं। वहीं पर वीमेंस कॉलेज की बस रुकती है। कॉलेज की लड़कियों को घूरते हुए दो-चार अश्लील फब्तियाँ कस देते हैं। धीरे से सिसकियाँ भरते सीटी भी मार देते हैं। लड़कियाँ सहम जाती हैं। वे खिलखिलाकर हँस पड़ते हैं। पुलिस की पेट्रोल जीप देखकर वे ऐसे खिसकने लगते हैं जैसे उनसे अधिक सज्जन लड़के पूरे पटना में दुर्लभ हैं। 'प्यार किया तो डरना क्या' का गाना भूल जाते हैं। ऐसी ही यति-मति है आज की नई पीढ़ी की। कल यही देश की बागडोर संभालेंगे। देश को 21वीं सदी में ले जाएँगे।

खैर, मैं अपने नित्य कृत्य में लग गया। करीब 10 बजे बाहर निकला। चहारदीवारी के बाहर सड़क के किनारे भीड़ बढ़ गई थी। लोगों की आवाजें कुछ तेज होती जा रही थीं। चपरासी ने सूचना दी कि सड़क के किनारे एक चूहे की लाश पड़ी है। उसके शव पर लोग फूल-माला चढ़ा रहे हैं और स्थानीय नेता बाँकेबिहारी कह रहे हैं कि गणेश जी के वाहन का वध हुआ है। गणेश जी हमारे पूज्य हैं। उनका वाहन पूज्य है। गणेश जी शंकर-सुवन हैं, जिनपर हमारा अस्तित्व अँटका हुआ है। मूषकराज की हत्या के इस जघन्य अपराध को सरकार के कानों तक पहुँचाना हमारा सांस्कृतिक एवं धार्मिक दायित्व है।

बाँकेबिहारी पड़ोस के ही शास्त्री नगर के एक फ्लैट में रहते हैं। काम कुछ

नहीं। नेताओं के आगे-पीछे करते-करते थकते नहीं... और गत चुनाव में टिकट भी पा गये। बतौर प्रत्याशी सरकारी फ्लैट में जबरदस्ती घुस गये और तब से बाहर निकलने का नाम ही नहीं लेते। वैसे वे रहने वाले अररिया के हैं, परंतु अब पटना में ही जग गए हैं। राजनीति करने के लिए राजधानी में अधिवास आवश्यक है। नेता भी तो यहीं मिलते हैं। मुफ्त में मकान मिल ही गया है। दो-चार आदमी रात में उन्हीं के मकान में आकर सो जाते हैं। कुछ अधिकारियों की पैरवी कर देते हैं। महीने में पंद्रह-बीस हजार रुपए मिल जाते हैं। खाने-पीने-रहने की पर्याप्त सुविधा है। थोड़ी ही देर में बाँकेबिहारी नेता की आवाज उच्चतर होती सुनाई दी।

"हमारे परम पूज्य श्री गणेशजी के वाहन की हत्या कोई मामूली घटना नहीं है। यह हमारे धर्म पर सीधा प्रहार है। जिस किसी ने मूषकराज की हत्या की है, वह सुखी नहीं रहेगा। आइए, हम लोग मिलकर मूषकराज के प्रति शोक प्रकट करें और सरकार से माँग करें कि बेली रोड के चौराहे पर मूषकराज का एक मंदिर बनवाया जाए। उनकी अंत्येष्टि राजकीय सम्मान के साथ की जाए और क्रिया-कर्म के लिए कम-से-कम पचास हजार का मुआवजा दिया जाए।" इसी बीच भीड़ से आवाज आई। "मूषकराज! जिंदाबाद-जिंदाबाद! बाँकेबिहारी...जिंदाबाद, जिंदाबाद! हमारा नेता कैसा हो, बाँकेबिहारी जैसा हो।" देखते-देखते सारा वातावरण नारों से निनादित हो उठा। चूहे के चारों ओर फूल-मालाओं का ढेर लग गया। वह फूलों से ढँक गया। कुछ औरतों ने पूजा की। पैसे चढ़ाए। अब जो भी आता कुछ पैसे फेंककर सिर नवाता। बाँकेबिहारी माला पहनकर सड़क के बीचोंबीच बैठ गये। राजमार्ग अवरुद्ध हो गया। गाड़ियाँ जहाँ की तहाँ रुक गईं। स्थानीय थाना शास्त्रीनगर के इंस्पेक्टर पुलिस लेकर आ गये। उन्होंने वायरलेस पर कंट्रोलरूम को खबर दी। मजिस्ट्रेट पुलिस बल लेकर आ गये। यह सारी घटना इतनी तेजी से घटी कि देखते-देखते सड़क पर पूरा मेला जम गया। बीच-बीच में नारा लगता रहता। कंट्रोल रूम में मजिस्ट्रेट ने जिलाधिकारी से वायरलेस पर निर्देश माँगा। स्थिति की जानकारी दी। डी.एम. ने निर्देश दिया कि ट्राफिक को नया सचिवालय से नेताजी सुभाष मार्ग में डायवर्ट कर दिया जाय। हवाई अड्डा होते हुए बेली रोड पर जाने दिया जाय। सड़क जाम करने वालो समझा-बुझाकर धरना खत्म कराया जाय। किसी प्रकार की अप्रिय घटना नहीं होनी चाहिए। इससे सरकार की छवि धूमिल होती है।

मजिस्ट्रेट ने बाँकेबिहारी को समझाने की पुरजोर कोशिश की। परंतु कोई असर नहीं। उन्होंने साफ-साफ कहा कि मुख्यमंत्री जी आकर आश्वासन दें कि जनता की माँगों को पूरा कर देंगे, तब जाम हटेगा, अन्यथा यह जाम हटने वाला नहीं। प्रशासन की जो मर्जी हो करे। यह कोई मेरा निजी कार्यक्रम नहीं है, यह तो जनता-जनार्दन का धरना है।

इंस्पेक्टर ने अलग ले जाकर मजिस्ट्रेट से कहा कि सर आप लोग थोड़ा हट जाएँ। मैं अभी बाँकेबिहारी को ठीक कर देता हूँ। साला नेता बनता है। सरकारी मकान

पर कब्जा किये हुए है। दलाली करके पैसा कमाता है। आप सर, थोड़ा हट जाइए, बस...। नहीं इंस्पेक्टर साहब, यह मामला अब इतना आसान नहीं रह गया है। बात डी.एम. तक जा चुकी है। अब तो इस मामले को 'वेट ऐंड वाच' के माध्यम से ही सुलझाना पड़ेगा। बैठने दीजिए धरना पर। कितने देर बैठेगा, दो घंटा, चार घंटा, छः घंटा। इसके बाद तो इसके साथी ही इसका धरना तोड़वा देंगे या इसे अकेला छोड़कर भाग जाएँगे। इसकी नेतागिरी धरी की धरी रह जाएगी। हम लोग तो पटना में आए दिन ऐसा जाम देखते ही हैं। कौन-सी सड़क है जहाँ धरना न दिया जाता हो। कभी पानी को लेकर, कभी बिजली को लेकर, कभी कत्ल को लेकर आज चूहे को लेकर।

जैसा आप का निर्देश—इंस्पेक्टर ने कहा। परंतु इसकी उस माँग का क्या होगा, जो सी.एम. को आकर आश्वासन देने को कह रहा है। इंस्पेक्टर साहब! आप तो काफी अनुभवी लगते हैं, फिर भी ऐसी बातें करते हैं। सी.एम. या डी.एम. कहाँ-कहाँ जाएँगे, धरना तोड़वाने। बैठने दीजिए इसको। आप नाश्ता नहीं किए हों, तो जाकर नाश्ता-पानी कर आइए। अपने दारोगा को छोड़ जाइए। कुछ नाश्ते-पानी का इंतजाम यहाँ के लिए भी कर दीजिएगा। बैठते हैं हम लोग, जाइए आप जाइए।

इंस्पेक्टर को लगा, जैसे वह कैद से विमुक्त हुआ हो। उसने अविलंब सलामी दागी और जीप पर बैठकर थाने की ओर चल पड़ा। मजिस्ट्रेट और पुलिस के लोग बगल में पुलिस पिकेट के लिए गाड़े गये टेंट में जाकर बैठ गए। दोपहर होने को आया। प्रशासन की ओर से कोई पहल नहीं। डी.एम. और कंट्रोल रूम को स्थिति की जानकारी वायरलेस पर दी जाती रही। चूहे के चारों ओर एकत्र भीड़ एक-एक करके छटने लगी। बाँकेबिहारी के एक नजदीकी सहायक ने कान में कहा, "नेता जी, काफी देर हो गई। लोग धीरे-धीरे जाने लगे हैं। यदि आधा घंटा और ऐसे रहा तब तो हो सकता है यहाँ पर हमारे और आपके अलावा कोई नहीं रहेगा।" नेता जी ने झिड़कते हुए कहा, "तुम सब मुर्दा हो गए हो। जोर-जोर से नारा लगाओ, लोग जमे रहेंगे। इससे यदि काम न बने, तो अपने किसी आदमी को कहो, बाहर से एकाध पत्थर फेंक दो। भगदड़ मच जाएगी। पुलिस वाले हरकत में आएँगे। दो-चार डंडा चलाएँगे। हमें गिरफ्तार करके ले जाएँगे। काम बन जाएगा।" "जैसा हुकुम। देखते हैं, क्या हो सकता है।" बाँकेबिहारी के आदमी ने फुसफुसाकर कहा।

विशेष शाखा के सिपाही ने मजिस्ट्रेट से आकर बाँकेबिहारी और उसके सहायक के बीच हुई कानाफूसी की बात कह दी। मजिस्ट्रेट न दारोगा को सतर्क कर दिया। दारोगा ने बाँकेबिहारी के सहायक को अलग बुलाकर कहा, "मुझे मालूम हो गया है कि तुम भीड़ पर पत्थर फेंकवाने का प्लान बना रहे हो। यदि ऐसा हुआ, तब सीधे तुम्हें जेल में ठूँस दूँगा और जेल भेजने के पहले हम क्या करते हैं, तुमको पता ही होगा। रात में शहर में एक राहजनी हुई है और एक हत्या का मामला भी थाने में दर्ज हुआ है।" सहायक ने दारोगा का पैर पकड़ लिया और कहा, "हुजूर, हम दस

मिनट और रहकर स्वयं भाग जाएँगे। मरे साला बाँकेबिहारी। वह तो नेता बनना चाहता है और चाहता है कि हम गोली-डंडा खाएँ। वह भी एक चूहे के लिए। साला ई नेता रोज एक चूहा मारता है फ्लैट में। यहाँ आकर धरना पर बैठ गया है।''

बाँकेबिहारी की आँख, नाक, कान सब खुले हुए थे। वह हर तरह से सतर्क था। होशियार तो था ही, नहीं तो अररिया के एक अदना से गाँव से यहाँ पटना में कैसे नेता बन जाता। बाँकेबिहारी ने अपने सहायक से पूछा, ''दरोगवा तुमको बुलाकर क्या कह रहा था'' ''सर, उसको पता नहीं कैसे बात मालूम हो गई कि आप पत्थर फेंकवाने का प्लान बना रहे हैं। लगता है भीड़ में आपका कोई दुश्मन भी शामिल हो गया है, जो पुलिस से मिला हुआ है। वह तो हमें ही हत्या के मामले में जेल भेजने की धमकी दे रहा था।'' ''अच्छा यह बात है। हमारे इर्द-गिर्द वाले लोगों पर जरा ध्यान रखना। नहीं तो उसी में से कोई पत्थर फेंक कर हमें मरवा देगा। तुम भी जेल जाओगे।''

बाँकेबिहारी ने अपनी योजना को विफल होते देखा। मन ही मन बोला, ''कैसा मजिस्ट्रेट भेज दिया है डी.एम. ने। यह तो एक बार बात करके बैठ गया। कुछ तो कहना चाहिए था इसको। मैं भी कितना मूर्ख हूँ। एक चूहे की मौत को लेकर धरना पर बैठ गया। हर साल देश का लाखों मन अनाज ये चूहे बरबाद करते हैं। किसानों की फसल को नुकसान करते हैं। सरकार चूहों को मारने की दवा बेचवाती है। धर्म के नाम पर सोचा था कुछ काम बन जाएगा।'' बगल में बैठे एक सहयोगी से बोला, ''जाकर मजिस्ट्रेट से पूछो कि सी.एम. को बुलाने के लिए उन्होंने क्या किया। और लोगों से कहो कि सी.एम. को बुलाने के लिए मुआवजा देने के लिए जोर-जोर से नारा लगाएँ।'' वह बिना किसी प्रकार की प्रतिक्रिया व्यक्त किये ही मजिस्ट्रेट के पास गया और हाथ जोड़कर कहा, ''सर नेता जी पूछ रहे हैं कि सी.एम. साहब को बुलाने के लिए क्या किया गया।'' ''अपने नेता को बोल दो कि सी.एम. क्या यहाँ तो कोई मंत्री या बड़ा अधिकारी भी नहीं आने वाला है। अपने नेता से कहो कि अनशन तोड़कर चुपचाप अपने घर जाए। काफी तमाशा हो गया। उनसे कहो कि रास्ता साफ करे और चूहे को ले जाकर कहीं गाड़ दे, नहीं तो वह सड़ जाएगा और बीमारी फैलाने के जुर्म में उन्हें जेल भेज दिया जाएगा। नेतागिरी खत्म हो जाएगी।'' मजिस्ट्रेट ने डाँटते हुए धमकी भरे लहजे में कहा। वह उलटे पाँव लौट गया।

''क्यों मजिस्ट्रेट से बात हुई? वे क्या कह रहे हैं।'' ''क्या कहेंगे।'' उसने पूरी बात दोहरा दी और कहा कि वह कहते हैं कि नेता जी से कहो कि धरना समाप्त करें। रास्ता साफ करें।'' कहाँ से छाँटकर मजिस्ट्रेट भेज दिया है साले डी.एम. ने। यह तो मेरा भी बाप निकला। खुद ही धरना पर बैठ गया। साला कुछ तो करे। अपने एक सहयोगी के कान में मुँह सटाकर बोला, ''काफी देर हो गई है। सुबह से नाश्ता भी नहीं किया है। लगता है यह मजिस्ट्रेट कुछ करने वाला नहीं है। जनता भी साथ

नहीं दे रही है। अपने साथियों के मनोबल को बनाए रखने के लिए कुछ तो करना होगा।'' थोड़ा रुककर बोला, ''जाओ, बाँस की अर्थी ले आओ और बाजार से लाल रंग का कपड़ा। चूहे को अर्थी पर रखकर लाल रंग के कपड़े में ढँक कर गंगा जी ले चलते हैं। पब्लिसिटी भी होगी और फोटो भी निकलेगा। और जानवरों की रक्षा के लिए एक अच्छा अभियान भी सफल हो जाएगा।''

आधे घंटे बाद बाँकेबिहारी ने बैठे ही बैठे अपने आसपास के लोगों को संबोधित किया, ''मित्रो! आज आप लोगों ने एक महत्त्वपूर्ण कार्य में, जो मेरा साथ दिया, उसके लिए मैं आपका आभारी हूँ। मूषकराज की हत्या नहीं, यह हमारे धर्म की हत्या है। गणेश जी की हत्या है। परंतु यहाँ का प्रशासन कान में तेल डालकर मौन है। सरकार निकम्मी हो गई है। मैंने मुआवजा की बात की। अपने लिए नहीं, इस मूषकराज की अंत्येष्टि के लिए। क्योंकि यदि चूहा को ऐसे ही सड़क पर मारकर छोड़ दिया गया तो प्लेग जैसी महामारी फैल जाएगी। लोग मरेंगे और फिर सरकार करोड़ों रुपए खर्च करेगी। जीव जंतुओं, जानवरों की रक्षा के लिए सरकार ने ही कानून बनाए हैं। वन्य जीव जंतु सुरक्षा सप्ताह मनाया जाता है, परंतु एक चूहा को सड़क पर मरा हुआ छोड़ दिया गया है। मैं जनता की सेवा करना चाहता हूँ, परंतु सरकार मेरा साथ नहीं दे रही है। सरकार साथ दे या नहीं, प्रशासन साथ दे या नहीं, हमें आपका सहयोग तो मिला ही है। आइए हम लोग अपने बलबूते पर ही इस मूस की गंगाजी के तट पर अंत्येष्टि कर देते हैं। इसके लिए अर्थी आ गई है। नया कपड़ा भी आ गया है। धूपबत्ती के लिए कुछ धन की आवश्यकता है। आप लोग जो भी मदद कर सकते हैं करें, कोई जोर-जबरदस्ती नहीं है। यह धार्मिक काम है। आप लोग अपना उदार सहयोग दें।''

बाँकेबिहारी के लोगों ने ही पहले एक-एक, दो-दो रुपए के सिक्के फेंकने शुरू किए। उपस्थित लोगों में भी हलचल दिखाई दी। देखते ही देखते चूहे की लाश पर करीब दो सौ रुपए एकत्र हो गए। बाँकेबिहारी ने चूहे की लाश को अर्थी पर रखा। अर्थी को कंधा दिया और बेली रोड होते हुए गंगा-घाट की ओर चूहे की अंतिम यात्रा हुई। वायलेस पर कंट्रोल रूम को सूचना दे दी गई। रास्ते के सभी थानों, पेट्रोलिंग पार्टी को सतर्क कर दिया गया। जुलूस जैसे-जैसे आगे बढ़ता गया वैसे-वैसे तमाशबीन लोगों की भीड़ भी बढ़ती गई। लोगों की क्या, नवयुवकों की भीड़ थी। नवयुवकों के सामने एक समस्या है कि वे क्या करें। उन्हें तो ऐसे मौके की तलाश रहती ही है। साथ हो लिए। बाँकेबिहारी जिंदाबाद, मूषकराज अमर रहें के नारों से सारा रास्ता गूँज उठा।

दूसरे दिन सुबह समाचारपत्रों में बाँकेबिहारी की फोटो छपी। माला के भार से उसकी गर्दन झुकी जा रही थी। मैं गहन मंथन के बाद भी यह निष्कर्ष नहीं निकाल सका कि चूहे का शिकार किसने किया।

अर्ज़ी दे दो

केंद्रीय कारा, राँची के कारा अधीक्षक के कार्यकक्ष में बैठा कुछ पूछताछ कर रहा था। कारा के कक्षपाल ने एक अधेड़ उम्र के आदमी का हाथ पकड़े कमरे में प्रवेश किया। मेरी निगाह उसकी ओर आकर्षित हो गई। उस आदमी का कद करीब साढ़े पाँच फुट था। महीनों से अनधोए पायजामा और आधी बाँह की कमीज पहने था वह। तेलरहित लंबे रूखे बालों पर लटें पड़ गई थीं। कक्ष में प्रवेश करते ही उसने दायेंः हाथ की हथेली से माथा स्पर्श करते हुए झुककर सलाम किया। निकट आने पर वह स्पष्ट रूप से दिखने लगा। पूरे मुँह पर चेचक के दाग थे, आँखों की कोर में कीचड़ और चेहरा भद्दा-सा। कारा अधीक्षक ने कहा, ''सर, यह देख नहीं सकता है। दोनों आँखें खराब हैं।''

''तब ऐसे ही आदमी को जेल में क्यों रखे हो।'' मैंने तपाक से प्रश्न किया। जैसे नेत्रहीन को जेल में रखना गैर-कानूनी हो।

''यह एक गंभीर आरोप में संलिप्त है। उसी में इसकी आँखें भी चली गई हैं।''

''हाँ तो क्या नाम है तुम्हारा।''—मेरा सहज प्रश्न था।

''साहब तुम्हीं से पूछ रहे हैं, उत्तर दो!''—हाथ पकड़कर लाने वाले वार्डर ने उसका हाथ दबाते हुए फुसफुसाया।

''लियाकत, हुजूर, लियाकत अंसारी।'' उसने आत्मप्रत्यय का प्रदर्शन करते हुए अपना नाम बताया।

''कहाँ के रहने वाले हो लियाकत।'' मैंने फिर पूछा।

''रातू के पास की पिसका नगरी का सरकार। मेरे अब्बा का नाम मो. जहूर मियाँ।''

उसने अपने पिता का नाम बिना पूछे ही बताया। वह शायद भाँप गया था कि मेरा अगला प्रश्न उसके पिता के बारे में ही होगा। बातचीत से वह

होशियार लगा।

"लियाकत! बैठ जाओ। तुमसे कुछ बातें करनी हैं। बातों में समय लग सकता है।" मैंने अनुरोध किया।

"हम ऐसे ही ठीक हैं सरकार। आपके सामने बैठने की जुर्रत कैसे कर सकता हूँ।" उसने करबद्ध होकर कहा। "आपके आगे तो बड़े-बड़े पुलिस वाले भी नहीं बैठते। मेरी क्या बिसात।"

"तुमको मालूम है कि मैं कौन हूँ?"

"हाँ सरकार, सिपाही जी बोले थे कि होम कमिश्नर साहब से मिलना है। मुझे खुशी हुई। आपका नाम सुना है। सोचा, आपके सामने हकीकत बयान करने का मौका मिलेगा।" लियाकत ने सिर झुकाकर बड़े अदब के साथ कहा।

"तुम्हारी आँखें कैसे खराब हुईं? लोगों का कहना है कि किसी मामले में खराब हुई थीं।"

"क्यों नहीं सरकार। मेरी आँखें खराब नहीं हुई, मैंने और मेरे रिश्तेदारों ने इन्हें खराब कर दिया। मुकदमे के डर से आँखें गँवा बैठा। मुकदमा भी हुआ और आँखें भी गईं। माया मिली न राम।"

"कैसे?" मैंने पूछा।

"बताता हूँ सरकार! आज आपके सामने सारी बात बताने का मौका मिला है। सब कुछ बता दूँगा सच-सच। सरकार, मैं अच्छा आदमी नहीं हूँ लेकिन इतना खराब भी नहीं हूँ कि इतनी बड़ी सजा भोगूँ। लेकिन औरों की तरह आप भी मेरी सही बात को झूठ ही मानेंगे। करीब पाँच साल पहले की बात है। ईद का पाक त्योहार था। लोग उत्साहित थे। एक-दूसरे से गले मिल रहे थे। मैं ईद मनाने ससुराल गया था। मेरी ससुराल गाँव के नजदीक ही है। बगल के गाँव टंगरा टोली से रजाक मियाँ की बीवी ने आकर कहा, "चलिए मेरे घर पर चार-छः आदमी और हैं, वहीं पर ईद की सेवइयाँ खा लीजिएगा। मेरे शौहर ने आपको खासतौर पर बुलाया है, रजाक मेरा साथी है। दूसरे गाँव का होते हुए भी हम दोनों स्कूल में साथ हो गये थे। आगे पढ़ाई नहीं हो सकी। गाँव में रहकर खेती-बारी और मजदूरी करने लगे। एक दिन राँची आया था। एक हसीन लड़की दिखी। मेरा जवान मन डोल गया। मैंने उसके साथ छेड़खानी की। इस पर उसने मुझे गाली दे दी। गाली सुनते ही मैंने उसका हाथ पकड़ लिया। फिर क्या था, उसने शोर कर दिया। बाजार का दिन, लोग चारों ओर से दौड़ पड़े और मुझे घेरकर मारने लगे। मैं जैसे-तैसे जन बचाकर भागा। लोगों ने 'मारो-मारो, पकड़ो-पकड़ो' का हल्ला करते हुए मेरा पीछा किया। कुछ देर भागता रहा। रेडियो स्टेशन के पास रिक्शा गुजर रहा था। उछल कर उसी पर बैठ गया। मैंने कहा, 'रातू'। रिक्शे वाला मुझे लेकर भाग चला। शहर से बाहर आने पर उसने पूछा, 'लियाकत, तुम भाग क्यों रहे थे?' उसकी आवाज से जाना

कि वह रजाक है। वह मुझे अपने घर ले गया। कुछ लोगों से परिचय कराया। परंतु उसे अपने सवाल का जवाब नहीं मिला। अपनी बात कहने का मौका जो नहीं मिला मुझे।

"ईद के मौके पर भी उस दिन वही पुराने परिचित लोग रजाक के घर पर बैठे थे। हम लोग गले मिले फिर एक अलग कमरे में बैठकर हम सब अभी सेवइयाँ खा ही रहे थे कि तड़ातड़ तीन-चार बम फटे। उसका धुँआ और इसप्लिंटर आँख, कान, नाक में भर गया। मैं अधबेहोशी की हालत में पड़ा था। और दूसरे लोग शायद भाग गए थे। मुझे लगा कि कुछ उठाकर मुझे बाहर ले जा रहे थे, पर कहाँ ले गए, पता नहीं। घर के बाहर आते-आते मैं पूरी तरह बेहोश हो गया था। लोगों ने मुझे एक बाँसवाड़ी में फेंक दिया था। बाँसवाडी गाँव से बाहर सुनसान में थी। झाड़झंखाड़ के कारण वहाँ लोग नहीं जाते थे। मुझे जब थोड़ा-थोड़ा होश आया तब मैंने पानी माँगा। पर वहाँ कोई नहीं था। आँख खोलने की कोशिश की। आँखें नहीं खुलीं। उनमें बारूद जो भर गई थी।

"ससुराल के लोग रात में उठाकर घर लाये। पर वे लोग न तो मुझे किसी डाक्टर के पास ले गए और न ही किसी को खबर दी। घर की एक कोठरी में बंद कर दिया। मैं रोता-कराहता रहा। पुलिस के डर से मुझे घर में कैद कर दिया गया था। मेरी बीवी ने ही केस करने से और डाक्टर के पास जाने से मना कर दिया था। कहती थी कि पुलिस वाले मार-पीट करेंगे। पूरे परिवार के लोगों को सतायेंगे और यदि मैं जेल चला गया तो बच्चों की परवरिश कौन करेगा। उसकी बात मुझे भी मुनासिब लगी थी।

"करीब तीन महीने तक घर के भीतर पड़ा रहा, देशी दवा चलती रही। आँख की रोशनी कम हो गई थी। हकीम को बिना दिखाये ही दवा लाई जाती थी। सोचा कि धीरे-धीरे ठीक हो जाएगी। परंतु आँख की रोशनी रफ्ता-रफ्ता कम होती गई। सोचा कि छिपे रहने से मेरी आँख का इलाज नहीं हो पाएगा। मैंने घर वालों को डॉक्टर के पास ले चलने के लिए मजबूर किया। डॉक्टर ने आँखों की जाँच की। घटना के बारे में पूछा। उसने कहा कि आप लोगों ने बहुत देर कर दी। ईश्वर-कृपा से ही आँख ठीक हो सकती है। डॉक्टर ने पुलिस को खबर कर दी। पुलिस ने आकर गिरफ्तार कर लिया और तब से मैं जेल में हूँ। मेरी दोनों आँखें खराब हो गई हैं। अब मैं कुछ भी नहीं देख पाता।"

"तुम्हारे साथ मुझे पूरी सहानुभूति है और तुम्हारी मदद में जो कुछ भी हो सकता है, जरूर करूँगा। लेकिन एक बात बताओ कि ईद जैसे पावन पर्व के अवसर पर तुम लोग बम क्यों बना रहे थे। यह तो आपसी मेल-मिलाप, भाईचारा और खुशियाँ बाँटने का दिन है। बुराइयों से छुटकारा पाने के लिए संकल्प करने का अवसर है और तुम लोग ऐसे दिन भी बम बना रहे थे।" मैं सहानुभूति दिखाते हुए घटना की

तह में जाने की कोशिश कर रहा था।

''हुजूर, आप सही फरमाते हैं। मैं भी अब यही सोचता हूँ जो आप कह रहे हैं। ऐसे पाक मौके पर हरकत करने का शायद यह नतीजा है कि मैं जेल में हूँ, मेरे बीवी-बच्चे दर-दर की ठोकरें खा रहे हैं। जुर्म मैंने किया और उसकी सजा मेरे परिवार को मिल रही है। मुझे पछतावा हो रहा है पर 'अब पछताये होत क्या जब चिड़िया चुग गई खेत'।''

''अभी भी समय है लियाकत। अभी न तो यह दुनिया मिटी है और न ही तुम्हारी जिंदगी। अब भी सँभलने का मौका है। केवल आँखें ही गई हैं, बाकी शरीर तो ठीक है। आज सूरदास को लोग याद करते हैं इसलिए नहीं कि वे शारीरिक तौर पर अच्छे थे। बल्कि इसलिए कि आँख न होते हुए भी उन्होंने ऐसी अद्भुत रचनाएँ की कि आजतक लोग उनके उत्तम भावों और विचारों को पूरी तरह जान नहीं सके। वाल्मीकि को उनकी रामायण के लिए हम याद करते हैं। लोगों को तो पता ही नहीं कि वह कभी डकैत भी थे। तुमको अपने कर्म का पश्चात्ताप करने का अभी भी मौका मिल सकता है।'' मैंने एक लंबा लेक्चर दिया। शायद इसे सुनकर वह अपने जीवन को सार्थक बनाने का प्रयास करे, जिससे उसकी मिसाल गुमराह नवयुवकों को दी जा सके।

''हुजूर, आपने इस गरीब सूरदास का हौसला बढ़ाया है, परंतु समाज मेरी मजबूरी समझे तब न। मैंने कोई संगीन जुर्म नहीं किया था। एक बार थरिया-चौखट की चोरी में मेरा नाम आ गया, तब से जहाँ कहीं भी चोरी की कोई वारदात होती है, पुलिस मेरे घर पहुँच जाती है। मेरे इस कहने का कि मैंने चोरी नहीं की है कोई असर नहीं पड़ता है। कितनी बार पुलिस वालों ने बिना किसी कसूर के मुझे पीटा है और रुपया-पैसा लेने के बाद ही छोड़ा है।''

थोड़ा ठहरकर फिर कहा, ''हुजूर, इस बात जेल से छूटने पर मैं अपने परिवार की परवरिश के अलावा और कुछ नहीं करूँगा। मैं कोशिश करूँगा कि लोग मेरे बच्चों को लियाकत अंधे का बेटा कहें पर चोर का बेटा नहीं।''

''लियाकत, तुम कहाँ बहक गए। मैं जानना चाहता हूँ कि ईद के दिन बम बनाने की क्या आवश्यकता हुई?''

''हुजूर, मैं न तो बम बनाना जानता हूँ और न ही बम बना रहा था। लगता है कि बनाकर पहले से रखे हुए थे। बम बनाना और बेचना मेरे साथियों का पेशा बन गया है। सुना है कि वे लोग बेकार थे, न खेती थी और न नौकरी। इधर-उधर की खाक छानते फिरते थे। किसी के खेत से कुछ चुरा लेना ही उनका काम था। एक दिन राँची में रजाक की मुलाकात एक बड़े सेठ से हो गई। रजाक राँची में रिक्शा चलाता था। सेठ रिक्शा पर बैठा और सिनेमा के पास चलने को कहा। बात उसी ने शुरू की—

'रिक्शा के अलावे और क्या करते हो रिक्शेवाले।'

'कुछ नहीं सरकार। और कुछ करने को है ही नहीं।'

'तो क्या रिक्शा की कमाई से काम चल जाता है।' सेठ ने पूछा।

'नहीं सरकार, काम नहीं चलता है। लेकिन किसी तरह गुजर-बसर तो करना ही है। हाई स्कूल फेल हूँ। घर में न खेती है और न ही कोई नौकरी मिलती है।' रजाक ने बताया था।

'तुम्हारे फटे-पुराने कपड़ों को देखकर मुझे दया आ रही है। घर कहाँ है?'

'टंगरा टोली, सरकार!'

'टंगरा टोली! वहाँ तो हमारे आदमी भी रहते हैं। अब्दुल मियाँ का नाम सुना है।' सेठ ने पूछा।

'सुना है सरकार! उसके नाम से कभी लोग काँप-काँप उठते थे। अब तो बूढ़े हो गये हैं। घर में पड़े रहते हैं। अब-तब चल रहा है। कभी भी अल्ला को प्यारे हो सकते हैं।'

'तुम जानते हो अब्दुल क्या करता था?'

'हाँ सरकार! सभी जानते हैं। वे बम बनाते और किसी सेठ को बेचते थे। पुलिस को सब पता था परंतु वह कभी उन्हें तंग नहीं करती थी।'

'तुम यह धंधा करोगे। अच्छा-खासा पैसा मिलेगा। पुलिस की चिंता मत करना।' सेठ ने रजाक को समझाया था।

''रजाक सेठ की बात मान गया। वह बम बनाने का धंधा करने लगा। रिक्शा की सीट के नीचे बम बनाकर रख लेता और सेठ को पहुँचा देता। धीरे-धीरे मालूम हुआ कि सेठ के यहाँ राँची के गुंडे, बदमाश, चोर, डकैत बम खरीद कर ले जाते हैं। चोरी-डकैती के अलावा बम फोड़कर भयभीत लोगों के साथ लूटपाट करना उनका काम है। दंगा-फसाद करने वाले बदमाश हजारीबाग, गिरीडीह से भी बम खरीदने राँची आते हैं।''

''बदमाशों का कोई जाति-वर्ग नहीं होता है। हिंदू-मुस्लिम सभी मजहब के बदमाश सेठ के यहाँ आते हैं और बम खरीद कर ले जाते हैं। उनमें आपस में अच्छी दोस्ती हुआ करती है। परस्पर कभी नहीं लड़ते हैं वे हुजूर!''

''सेठ का नाम तुमको मालूम है।''—मैंने पूछा।

''नहीं सरकार, भला मुझे कैसे मालूम होगा। रजाक ने कभी बताया भी नहीं। शायद उसे भी नहीं मालूम हो। ऐसे जालिम लोग अपना सही पता-ठिकाना, नाम-गाँव किसी को नहीं बताते।''

''लियाकत, अच्छा अब यह बताओ कि मैं तुम्हारी क्या मदद करूँ। मुझे तुम्हारी सच्चाई एवं दुर्गति से सहानुभूति है।''

''हुजूर, मुझे इस जेल से छुटकारा दिला दीजिए। मुकदमे में जो भी होगा,

देखा जाएगा। घर पर रहकर अपने बीवी-बच्चों की परवरिश तो कर सकूँगा। जेल से बाहर जाने पर समाज में हो सकता है लोग मेरी दशा देखकर कुछ सीख लें। गलत का अंजाम कभी अच्छा नहीं होता।''

''ठीक है लियाकत, मैं तुम्हें छुड़ाने का प्रयास करूँगा। तुम कोर्ट में जमानत की अर्ज़ी दे दो।''

नास्तिक

डॉ. चटर्जी, आपके मित्र ने कोई बात नहीं की? यहाँ पर जो भी आते हैं, आप तो जानते ही हैं, कि कोई न कोई समस्या लेकर आते हैं, ये कौन हैं?''

''गुरु जी, ये मेरे अत्यंत ही निकट के मित्र और शुभाकांक्षी हैं। मैंने ही इनसे अनुरोध किया कि चलिए भोला बाबा से आपको मिलाता हूँ। बस से आ गये। ये डॉक्टर हैं और इनका नाम है डॉ. राजेश्वर सिंह।'' चटर्जी ने विनयावनत होकर भोला बाबा को संतुष्ट करने का प्रयास किया। ''और फिर आपको क्या बताना, आप तो सर्वज्ञ हैं।''

डॉ. रामनाथ चटर्जी की परेशानी पारिवारिक थी। उनकी शादी हुए करीब पाँच साल बीत गए थे, परंतु उनकी पत्नी की गोद नहीं भरी। इस समस्या के लिए प्रायः चटर्जी के परिवार के सदस्य उनकी पत्नी को दोषी करार देते थे। यद्यपि चटर्जी का दांपत्य जीवन बहुत ही सुखमय एवं मित्रवत् था, फिर भी घर वालों के ताने, विशेषकर औरतों के.....। कभी-कभी उनके धैर्य को चुनौती दे डालते थे। दोनों डॉक्टरों की सलाह ली, जाँच कराई, कोई कमी नहीं पाई गई। ऐसी स्थिति में वे कभी-कभी भगवान को ही दोषी करार देते। पति-पत्नी मंगल और शुक्र का व्रत रखते। देवालयों में देवताओं के समक्ष साष्टांग माथा टेकते और संतान प्राप्ति की मनोकामना पूरी करने की प्रार्थना करते। इसी सिलसिले में चटर्जी दंपत्ति भोला बाबा के आश्रम पर पहुँच गए। आश्रम के वातावरण और बाबा के आशीर्वाद से उन्हें आत्मिक प्रसन्नता होती। वे सपत्नीक बाबा का दर्शन करते रहे और आशीर्वाद लेते रहे। संयोग लह गया। श्रीमती चटर्जी की प्रार्थना फलीभूत हुई। इसके बाद तो बाबा उनके लिए भगवान् हो गए। उस दिन भोला बाबा पटना आये हुए थे। उनके दर्शनार्थ जाने लगे तो उन्होंने डॉ. राजेश्वर सिंह को भी साथ चलने का आग्रह किया। दोनों की मित्रता ऐसी कि डॉ. सिंह को बाबा-महात्माओं में विश्वास न होने पर भी उनके अनुरोध को नकारना संभव न हुआ।

"परेशानी तो बाबा सबको रहती है। आपको भी होगी। परंतु मैं अपने पुरुषार्थ और परिश्रम पर विश्वास करता हूँ। देवी-देवताओं, साधु-महात्माओं के बल पर कितने दिन जिंदगी चलेगी।" डॉ़ राजेश्वर ने अपने आत्मविश्वास का उद्‌घाटन करते हुए कहा। परंतु यह कहते हुए उनके होठों में कँपकँपी-सी महसूस हुई। वे अंदर से कुछ घबरा-से गए। मन का नियंत्रण और आत्म-विश्वास कुछ स्पंदित-सा होने लगा। उनकी आँखों में झाँकते हुए बाबा ने सविश्वास कहा, "तुम सही कह रहे हो बेटा। हर व्यक्ति को कुछ न कुछ तो परेशानी रहती ही है। परंतु हर व्यक्ति की परेशानी एक सी नहीं रहती। तुम्हारी परेशानी है पाने की, कुछ हासिल करने की, जिसे पाने में जब सफलता नहीं मिलती है तब विश्वास डिगने लगता है। मेरी परेशानी है कुछ खोने की। मैंने लोगों का विश्वास प्राप्त किया है। मैं उस विश्वास को बनाए रखने के लिए गलत रास्तों से बचना चाहता हूँ.....। यही मेरी परेशानी है। परंतु तुम जैसे लोगों की परेशानी का इलाज हम जैसे लोगों के पास ही मिलता है।"

"बाबा आप कहना क्या चाहते हैं, मैं समझने में असमर्थ हूँ। कृपया स्पष्ट करें।" डॉ. राजेश्वर ने अपने दंभित विश्वास को कुछ नत करके सानुरोध प्रार्थना की।

"थोड़ा-सा इशारा करता हूँ, शायद तुम्हें अपनी नादानी याद आ जाए। कुछ वर्ष पूर्व तुम्हारे पास एक महात्मा आए थे। जटाधारी, लंबे, गठीले बदन के स्वस्थ, लंबी काली दाढ़ी, चमकती हुई सिंही आँखें, कड़कती आवाज। तुम अपनी पत्नी के साथ बैठे थे। बाबा का सम्मान न करके उपेक्षा के भाव से पाँच रुपए का नोट देते हुए चले जाने को कहा था। वे तो तुम्हें कुछ देने आए थे, परंतु तुमने लेने से इनकार कर दिया था। तभी से तुम्हारे घर से शांति रूठ-सी गई है।" बाबा ने चमकती आँखों से घूरते हुए कहा। डॉ. राजेश्वर बाबा से आँख नहीं मिला सके। पलकें झुका लीं। उन्हें वह दृश्य स्मरण हो आया। अंतर्मन में भय-सा लगने लगा। उन्हें लगा कि वह भीमकाय महात्मा उनके सामने पुनः त्रिशूल गाड़कर कह रहा है, "घबराओ नहीं बेटा, महात्मा कभी अहित नहीं करते।" झिझककर सचेत होते हुए उन्होंने हाथ जोड़कर कहा, "बाबा, आप ठीक कह रहे हैं। मैं ईश्वर में विश्वास नहीं करता। एक शब्द में कहूँ तो मैं 'नास्तिक' हूँ।" भोला बाबा ने हाथ के इशारे से डॉ. राजेश्वर को शांत करते हुए कहा, "कोई बात नहीं, बेटा। कोई भी आदमी जन्म से आस्तिक या नास्तिक नहीं होता। जीवन की परिस्थितियों से लड़ने की अपूर्व क्षमता है। जब कभी थकने लगना, तब मुझे स्मरण करना, मैं जो भी कर सकता हूँ अवश्य करूँगा। महात्मा ने तुमसे दुबारा मिलने को कहा था। वे अवश्य आएँगे।"

डॉ. राजेश्वर को भोला बाबा के समक्ष और अधिक टिकने का साहस नहीं रह गया था। अभिवादन के साथ वे उठे और चलते बने। रास्ते में राजेश्वर सिंह ने अपने मित्र से पूछा, "क्या बाबा ने मेरे बारे में आपसे पहले भी कोई बात की

थी या कहीं आपने ही तो मेरे बारे में यह सब नहीं कह दिया था।''

''नहीं ऐसी कोई बात नहीं है, और बाबा तो उसी के बारे में बात करते हैं, जो उनके सामने होता है। आपके बारे में ये बातें मुझे भी तो आज ही सुनने को मिलीं। सच्चाई कहाँ तक है, यह तो आप ही जानते होंगे। फिर आपने भी तो इस साधु प्रकरण से मुझे कभी अवगत नहीं कराया था।'' चटर्जी ने कहा।

''बाबा ने जो कुछ कहा, वह सब सही है। उन दिनों मैं राजेंद्र नगर, रोड नं. 1 के एक मकान में रहता था। दो कमरों में क्लिनिक था और तीन कमरों में पूरा परिवार। मकान किराये का था। मेरी रुचि के अनुरूप नहीं था वह मकान। वहाँ काफी कठिनाई रहती थी। मैं खुली जगह पसंद करता हूँ आप तो जानते ही हैं। एक दिन मैं अपनी पत्नी के साथ बरामदे में बैठा चाय पी रहा था। इसी बीच वह असाधारण व्यक्तित्व वाला महात्मा आया और बोला, 'तुम्हारा भाग्योदय होने वाला है बच्चा। खुश रहो। ईश्वर शीघ्र ही तुम्हारी सुनेगा। चिंता से कोई लाभ नहीं।' उसने हवा में हाथ लहराते हुए कहा था।

'अच्छा बाबा, आप चलिए। अपना रास्ता नापिये। बड़े आए हैं भाग्य बताने वाले। पहले अपना भाग्य देखिए और ठीक कीजिए। माँगते हैं भीख और बात करते हैं दूसरों के भाग्योदय की। चलिए, चलिए। यहाँ आपके भरमाए में कोई आने वाला नहीं है।' मैं कहने को तो कह गया, परंतु अंदर से भयभीत हो गया और जल्दी में पाँच रुपए का नोट आगे बढ़ा दिया। अंदर से तो लगा कि पाँच रुपया अकारण ही चला जा रहा है, पर करता क्या, टूटे रुपए नहीं थे और मुझे उस बाबा से शीघ्र छुटकारा पाना था।

'तुम बेटा नाराज मत होना। गुस्सा ही तुम्हारी चिंताओं की जड़ है। तुम्हारा भविष्य बहुत अच्छा है, फिर भी....।'

मैंने डाँटते हुए उस महात्मा से कहा, 'आप जाते हैं कि नहीं। चलिए यहाँ से।'

वह जाते-जाते कह गया था, 'मैं तो जाता हूँ, लेकिन फिर मुलाकात होगी। बाद में तुम बहुत पछताओगे।'

वह दृश्य जब-जब याद आता है, रोयें खड़े हो जाते हैं। पता नहीं उसमें कैसी शक्ति थी। उसकी एक-एक बात आज तक मुझे नहीं भूलती। और उसके बाद से आज तक हमें कोई न कोई परेशानी घेरे रहती है।

बाबा से मिलने के करीब एक सप्ताह बाद हम लोग गाँव गए थे मोकामा। वहाँ दो दिन रहने के बाद पटना आए। बच्चे छोटे थे। दूसरे दिन जब उठे तब एक सपना याद आया। स्वप्न में मुझे लगा कि कोई औरत पीठ सहला रही है और सहलाते-सहलाते अपने नाखून भी चुभो रही है। मैंने पत्नी से पूछा, 'रात में तुम मेरी पीठ सहला रही थीं क्या?'

'नहीं तो, मैं आपकी पीठ क्यों सहलाती। मैं तो बच्चों के साथ दूसरे पलंग पर थी।'

'मैंने सोचा, शायद तुम सहलाकर मुझे जगा रही हो। शादी के बाद तुम कभी-कभी ऐसे ही जगाया करती थीं। मुझे थोड़ा मजाक सूझा।' उसने हँसते हुए कहा, 'उन दिनों की बात और थी। अब तो आप डॉक्टर साहब हो गए हैं।'

'तुम्हें तो मजाक सूझ रहा है। मैं सीरियस होकर पूछता हूँ।'

'मजाक तो आपने ही शुरू किया। मैं भी सीरियस होकर ही पूछ रही हूँ। वह कौन थी रात में आपके साथ। जरा पीठ देखूँ तो वह कैसे सहलाती है।'

मैंने बनियान ऊपर कर ली और पीठ अपनी पत्नी की ओर करके कहा, 'देखो। शायद तुम्हें याद आ जाए कि रात में तुम मेरे पास आई थीं कि नहीं।'

'अरे, आपकी पीठ पर तो खरोंच के निशान हैं। लाइए तेल लगा देती हूँ। सही में मैने नहीं खरोंचा है।'

'मुझे विश्वास नहीं हुआ। सोचा, शायद मजाक में टाल देना चाहती है।'

दो या तीन दिन के बाद सुबह उठे ही थे कि पत्नी चाय लेकर आ गई। चाय पीने के लिए कप उठाया तो मेरी निगाह पत्नी के बालों पर पड़ी। मैंने कहा, 'ये बेतरतीब बाल कब कटवा लिए।' उसने बालों पर हाथ फेरते हुए कुछ स्मरण करते हुए कहा, 'मुझे लगता है रात्रि में आपने ही मेरे बात काटे थे। पहले तो सोचा था कि सपना है, परंतु यह तो सही लगता है। सोते में मुझे लगा कि किसी ने मेरे बाल पकड़कर काट दिए। सोचा, आप से बाल दब गए होंगे। पर......।'

'पर क्या। तुम्हारे बात तो सही में कटे हुए हैं। परंतु यह कैसे हो सकता है?'

'अच्छा छोड़िए, चाय पीजिए। कहते हैं कि कभी-कभी चूहे भी सोते आदमी का बाल या अँगुली आदि काट लेते हैं।'

परंतु कटे बालों को देखने से ऐसा नहीं लगता कि बालों को चूहे ने कुतरा होगा। कैंची से काटे गये मालूम होते हैं तुम्हारे बाल' डॉ. राजेश्वर ने अपनी पत्नी को विश्वास दिलाते हुए कहा।

'तो कौन काटेगा। मैं तो समझती थी कि यह हरकत आपने की होगी, पर आप कहते हैं कि यह काम आपका नहीं है। मैंने भी नहीं काटे, तो किसने काटे होंगे?'

'अच्छा छोड़ो, चाय पीते हैं। परंतु मेरी पीठ पर खरोंच और तुम्हारे बालों का कटना क्या अविश्वसनीय घटना नहीं लगती है।' कहकर दोनों चाय पीने लगे।

उस दिन तो गजब हो गया। मैं अस्पताल से करीब चार बजे घर पहुँचा तो

देखा कि पत्नी नौकरानी को डाँट रही है। मैंने पूछा, 'क्या हो गया। इतना गुस्सा क्यों?'

'अरे होगा क्या। इस बदमाश बुधनी को कहा था कि साड़ी-पेटीकोट धोकर डाल देना। देखिए ना, इसने पेटीकोट फाड़ दिया है और कह रही है कि इसने नहीं फाड़ा, पहले से ही फटा था। यह कैसे हो सकता है। नया पेटीकोट बिना फाड़े कैसे फट जाएगा। इसे नौकरी से हटा देना होगा।'

'क्यों रे बुधनी ऐसा क्यों किया?'

'यह क्या बताएगी। सोची होगी कि पेटीकोट फट जाएगा, तो मेम साहब इसे दे देंगी। अरे ऐसे ही माँग लेती।'

'मेम साहब, उसे भी तो बोलने दीजिए। सुने तब वह क्या कहती है। बोल रे, तूने पेटीकोट क्यों फाड़ दिया।'

'साहब मैं मेम साहब का पेटीकोट क्यों फाड़ दूँगी। मैंने जब धोने के लिए साड़ी, ब्लाउज, पेटीकोट बाल्टी में डाला तो वह फटा हुआ था। मेम साहब हमें ही डाँट रही हैं।' इतना कहकर वह रोने लगी।

'अच्छा छोड़ो भी। दर्जी के यहाँ भेजकर सिलवा लेना। एक पेटीकोट के लिए इतना बखेड़ा। अच्छा जाओ, आइंदा ऐसी गलती मत करना।'

यह कहकर मैंने मामले को शांत किया। परंतु मेम साहब का गुस्सा कम नहीं हुआ। उन्होंने कहा कि आपने इन नौकरों का दिमाग खराब कर रखा है।'

बात करते-करते डॉ. राजेश्वर और डॉ. चटर्जी घर पहुँच गये। बाहर से ही मेम साहब से चाय भेजने के लिए अनुरोध कर दिया। दोनों बरामदे में बैठ गये। अंदर से नौकरानी चाय लेकर आई। पीछे-पीछे मेम साहब भी नाश्ता का ट्रे लेकर आ गई। सब लोग बैठकर चाय पी रहे थे। मेम साहब ने कहा, "देखिए ना, आज भी मेरा बाल कट गया है। मैं दोपहर में लेट गई थी। गाढ़ी नींद में थी। लगा कि कोई औरत मेरे बाल काट रही है और कह रही है कि मेम साहब इतने लंबे बाल अच्छे नहीं लगते। इसी बीच दरवाजा खटखटाने से मेरी नींद टूट गई। दरवाजा खोला तो बुधनी खड़ी थी। बोली, 'मेम साहब कब से दरवाजा खटखटा रही हूँ। आप कैसे सोती हैं।'

"चलो अच्छा हुआ नौकरानी बाहर थी, नहीं तो शक होता कि उसी ने तुम्हारे बाल काट दिये हैं, उस दिन के पेटीकोट की तरह।"

"आप ठीक कहते हैं आज भी पेटीकोट फटा है। बुधनी कपड़े सरिया रही थी तभी बोली, "मेम साहब, देख लीजिए, आपका पेटीकोट फटा है, नहीं तो हमको दोष लगाएँगी।" मैंने देखा। पेटीकोट फटा था। इस घर में पता नहीं क्या हो रहा है। पिछले कुछ महीनों से कभी बाल कट जाता है, तो कभी पेटीकोट फट जाता

है। और कभी कोई चीज गायब हो जाती है।

''और कभी मेरी पीठ सहलाते-सहलाते वह औरत खरोंच मार जाती है।'' इतना कहकर डॉ. राजेश्वर जोर से हँसे और बोले, ''मेम साहब, यह सब कोई बात नहीं है। पेटीकोट-ब्लाउज तो फटते ही रहते हैं। हम लोगों का ध्यान जाता है, जब फटा कपड़ा देखते हैं तब। ऐसी कोई बात नहीं है। मुझे तो उस औरत का पीठ खुजलाना अच्छा लगता है। काश! यह स्वप्न न होकर वास्तविक होता।''

''वास्तव में ऐसा होता, तो मैं उस कलमुँही का हाथ न तोड़ देती।''

''किस कलमुँही का मेम साहब। आप ही तो मेरी पीठ सहलाती हैं, जगाने के लिए। और जागते ही अपने बिस्तर पर ऐसा नाटक करती हैं, जैसे बहुत गहरी नींद में सो रही हैं।''

''छोड़िए। चाय ठंडी हो रही है। आपकी तो हर बात मजाक में ही उड़ा देने की आदत है। हाँ, तो भाई साहब। आप दोनों बाबा के यहाँ गये थे। हमारे साहब पर बाबा का कोई प्रभाव पड़ा या नहीं। ये तो न ईश्वर को मानते हैं और न देवी-देवताओं को। आज बाबा ने क्या कुछ कहा।''

डॉ. चटर्जी कुछ कहने ही जा रहे थे कि डॉ. राजेश्वर ने ही कहा, ''अरे आज तो कमाल हो गया। मेम साहब, आज पहली बार मुझे अंदर-से डर-सा लगा। बाबा ने उस घटना का उल्लेख किया। तुम्हें याद है, जब हमने एक बाबा को दुत्कार कर भगा दिया था। तुम्हें याद है न वह लंबा-चौड़ा जटाधारी, बड़ी-बड़ी आँखों वाला बाबा। तुमने ही कहा था....., मुझे याद है, कि बाबा लोगों की इज्जत करनी चाहिए। आज भोले बाबा की बात सुनकर मुझे अंदर से भय-सा लगा। मैंने प्रकट नहीं होने दिया। लेकिन मुझे लगता है कि भोले बाबा का उस महात्मा से कुछ संबंध अवश्य है। अच्छा चटर्जी साहब, चलिए, अब क्लिनिक का समय हो रहा है।''

क्लिनिक से आने पर डॉ. राजेश्वर की पत्नी ने खाना लगाया। पत्नी ने कहा कि शाम को डॉ. वर्मा आए थे। कल उनके लड़के का जन्मदिन है। बुलाया है। क्लिनिक से जरा जल्दी छुटकारा ने लीजिएगा।

आठ बजे थे। डॉ. राजेश्वर के क्लिनिक से आने का समय हो रहा था। श्रीमती सिंह ने सोचा कि उनके आने के पूर्व ही वह तैयार हो लें, जिससे समय पर वर्मा जी के यहाँ पहुँच जाएँ। तैयार होने के लिए साड़ी, ब्लाउज, पेटीकोट निकालकर चारपाई पर रख दिया। तीनों वस्त्र एक दिन पहले ही ड्राईक्लीनिंग से आए थे। उन्होंने पेटीकोट खोला तो वह फटा हुआ था। साड़ी भी फटी थी। वे तो सन्न रह गई। उन्होंने स्वयं कपड़ों को देखकर रखा था, सब ठीक थे। ऐसा कैसे हो गया। इसी उधेड़-बुन में परेशान थी कि डॉ. राजेश्वर भी आ गए। कमरे में प्रवेश करने के पहले ही उन्होंने

बाहर से पुकार लगाई, "मेम साहब, तैयार हैं। देखो मैं समय पर आ गया।" श्रीमती सिंह ने भी अंदर से ही घबराहट भरी आवाज में कहा, "तैयार क्या होंगी, खाक। देखिए न साड़ी और पेटीकोट दोनों फटे हैं.....जैसे किसी ने ब्लेड से काट दिया हो।"

"कौन काट देगा। दूसरी साड़ी पहन लीजिए, जल्दी कीजिए।"

कहते-कहते वे अंदर शयन कक्ष में प्रवेश कर गये। देखा कि पत्नी का मूड खराब है। उन्होंने पूछा, "क्या बात है? तुम परेशान लग रही हो।"

"क्या बताऊँ। मैंने स्वयं ही कपडों को कल देखभाल कर रखा था। साड़ी-पेटीकोट सब ठीक थे। आज खोला तो दोनों फटे हैं। लगता है इस घर में कुछ गड़बड़ है।"

"तुम भी मूर्खों की तरह बात करती हो। अभी तक मकान ठीक था। एक माह में खराब हो गया है। तुम बेकार में मूड खराब न करो। चलो तैयार हो जाओ।"

पीठ में खरोंच, बालों का कटना, साड़ी-पेटीकोट का फटना.....ये सारी घटनाएँ प्रायः दो-चार दिन पर हो ही जातीं। डॉ. राजेश्वर को भी धीरे-धीरे शंका होने लगी। हो सकता है कि कोई ऐसी शक्ति है, जो हमें परेशान कर रही है। लेकिन इस शंका को अभी भी मानने को वे तैयार नहीं थे। मन में उधेड़बुन चलती रहती। किसी से कह भी नहीं पाते। उन्होंने रात्रि में यह पता लगाने का प्रयास किया कि उनकी पीठ कौन सहलाती है और खरोंच मार देती है। रात-भर जागते। कब नींद लग जाती, पता नहीं इसी बीच पीठ में खरोंच लग जाता। उनकी वैज्ञानिक बुद्धि काम नहीं कर पा रही थी। उन्हें बाबा की बात भी कभी-कभी याद आ जाती, तब वे कुछ सोच में पड़ जाते। पत्नी ने कई दिन सुझाव दिया कि बाबा के आशीर्वाद से चटर्जी का भला हुआ है। एक बार उनसे मिलकर सारी बात बताने में क्या नुकसान है?

आज उन्होंने दुविधा को मन से निकाल देने की ठान ली। उन्होंने चटर्जी से फोन पर बात की। कहा, "बड़ी इच्छा हो रही है कि बाबा के दर्शन करूँ। चलिए आज शाम को चलते हैं। मन में भाँति-भाँति के प्रश्न उठते रहते हैं। उनके समाधान की आवश्यकता है। शायद बाबा मदद कर सकें।"

"आप जैसे नास्तिक को बाबा की याद आ रही है, विश्वास नहीं होता।"

"बात विश्वास या अविश्वास की नहीं है। जब आदमी किसी बात का समाधान ढूँढ़ने में सक्षम नहीं हो पता, तब उसे किसी और की आवश्यकता होती है। मेरे सामने कुछ ऐसे सवाल आ गए हैं जिनका हल मेरे वैज्ञानिक मन और बुद्धि में नहीं मिल पा रहा है। शाम को तैयार रहिए। मैं आ जाऊँगा।"

भोला बाबा आसनसोल के निकट एक आश्रम में रहते हैं। साधना करते हैं और रामकृष्ण परमहंस को अपना गुरु मानते हैं। जब कभी पटना आते हैं तब बुद्ध मार्ग स्थित अपने एक शिष्य के घर में रहते हैं। पिछले कुछ दिनों से बाबा का प्रवास पटना में था। अतः शाम को करीब सात बजे डॉ. राजेश्वर अपने मित्र डॉ. चटर्जी के साथ बाबा के दरबार में उपस्थित हुए। देखते ही बाबा ने कहा, "आओ राजेश्वर,

तुम ठीक समय पर आए हो। हर चीज का समाधान आदमी के पास नहीं होता। तुम्हारा भी अब अच्छा समय आने वाला है। घर की परेशानी, गाँव की परेशानी, पारिवारिक कलह और अर्थ के स्रोतों की कमी, सबका साथ है और अच्छी परिस्थिति तुम्हारे स्वागत में प्रतीक्षारत है।''

डॉ. राजेश्वर को कुछ आश्चर्य हुआ। बाबा को उनके मन की बातें कैसे ज्ञात हो गई? उन्होंने अपने को सँभालते हुए कहा, ''बाबा आप ठीक कहते हैं। लगता है कि अब सवेरा होने वाला है, इसीलिए मैं प्रकाश की शरण में आया हूँ। मैं आपका आशीर्वचन चाहता हूँ।''

''आशीर्वचन तो भगवान का होता है। तुम और हम तो उसके निमित्त मात्र हैं। जैसा वह करवाता है या जैसे विचार देता है वैसा ही होता है। चार साल पूर्व तुम सपरिवार गाँव गए थे। वहाँ पर एक घटना घटी थी। एक औरत की अकाल मृत्यु हो गई थी। उसकी आत्मा तुम लोगों के साथ पटना आ गई और अभी तुम्हारे साथ ही रहती है। कभी-कभी कुछ बदमाशी भी कर बैठती है। वैसे वह आत्मा बदमाश नहीं है और आपकी इज्जत करती है, परंतु जब वह कष्ट में होती है तब खिसियाकर कभी आपकी पत्नी के बाल काट देती है, कभी उनका कपड़ा फाड़ देती है, कभी सामान गायब कर देती है और कभी-कभी तो तुम्हारी पीठ सहलाने के बहाने खरोंच मार देती है, आदि,आदि। उसे धूप-दीप देकर विदा कर देना है। वह मान जाएगी। मैं रात्रि में साधना के समय उस आत्मा को संतुष्ट करने का प्रयास करूँगा। मुझे विश्वास है कि वह तुम्हारा पिंड छोड़ देगी और तुम्हारी समस्याओं का निदान हो जाएगा।''

डॉ. राजेश्वर सिंह को भोला बाबा के यहाँ से लौटते समय अव्यक्तनीय आनंद और स्फूर्ति का अनुभव हो रहा था। उन्हें लग रहा था कि उनके अंदर एक विशेष शक्ति का संचार हो गया है।

पलायन

आनंद कुमार का जन्म मध्यम श्रेणी के किंचित् निम्नकोटि कृषक परिवार में हुआ था। जैसे-तैसे सुबह-शाम चूल्हे तो जल जाते थे, परंतु कपड़े-लत्ते का संकट लगा ही रहता था। घर में शिक्षा अधिक नहीं थी। पूरे गाँव में बस एक व्यक्ति सरकारी सेवा में था जो बगल के जिला में ओवरसियर था। उन दिनों समाज में ओवरसियर का काफी सम्मान था। आनंद कुमार के पिता ने संकल्प किया कि वे उसे कम-से-कम हाई स्कूल अवश्य पास कराएँगे, जिससे कोई सरकारी नौकरी मिल जाए। आनंद पढ़ने में मेधावी था। सदैव प्रथम श्रेणी में उत्तीर्ण होता था। फलतः शिक्षकों का वह बहुत प्रिय था। उससे स्कूल की प्रतिष्ठा ऊपर उठती थी। उन दिनों योग्यता को समादर प्राप्त था। आजकल तो पैरवी और पहुँच का प्रामुख्य गरज रहा है। प्रिंसीपल के लड़के को प्रथमत्व पाना ही है, योग्यता हो या नहीं।

स्कूल में एक दिन डिप्टी इंस्पेक्टर ऑफ स्कूल्स ने उक्त स्कूल का औचक निरीक्षण किया। उन्होंने आनंद की कक्षा का भी मुआयना किया। इंस्पेक्टर ने जो भी प्रश्न किये, आनंद ने उन सबका सही उत्तर दिया। इंस्पेक्टर बहुत प्रसन्न हुए और उन्होंने स्कूल के अध्यापकों की भूरि-भूरि प्रशंसा की। अध्यापकों को और क्या चाहिए? सुयश! चलते समय इंस्पेक्टर ने आनंद को शाबासी देते हुए कहा, ''यह लड़का अवश्य ही अपने स्कूल ओर अपने परिवार का नाम ऊँचा करेगा।''

स्कूल की पढ़ाई पूरी करने के पश्चात् घरवालों ने आनंद का कॉलेज में दाखिला करा दिया। कॉलेज में जाकर आनंद को ज्ञात हुआ कि जिलाधिकारी पूरे जिले का अधिपति होता है। उसकी अपार प्रतिष्ठा होती है। फलतः, उसके मन में यह इच्छा हुई कि वह भी जिलाधिकारी की चयन-परीक्षा में सम्मिलित होगा। पर विकट अर्थाभाव था। खाने-पीने और कपड़े आदि की व्यवस्था कठिनता से हो पाती थी। पुस्तकों की कमी पुस्तकालय में जाकर या अध्यापकों से माँगकर पूरी करता था। उसने जिलाधिकारी बनने का संकल्प स्थिर कर लिया था। रात-दिन परिश्रम करता। उसे

खाने-पीने की सुध-बुध नहीं रहती। हॉस्टल में रहकर पढ़ना कठिन था। इसलिए एक स्वतंत्र कमरा ले रखा था। स्वयं खाना बनाता, बर्तन माँजता और पढ़ाई करता। समय बचाने के लिए सुबह ही रात का खाना भी बना लेता। उसने स्नातक की परीक्षा प्रथम श्रेणी में पास कर ली। कॉलेज में ही नहीं, पूरी यूनिवर्सिटी में उसे द्वितीय स्थान मिला था।

अब वह आई.ए.एस. की परीक्षा में सम्मिलित हुआ और पहली बार में ही उसका चयन हो गया, यद्यपि पोजीशन अच्छी नहीं थी। महाराष्ट्र कैडर मिला। ट्रेनिंग में अच्छे अंक आए। ट्रेनिंग इंस्टीच्यूट में उसकी सादगी और सरल व्यवहार की सर्वत्र चर्चा होती। उसकी वाग्मिता किंचित् कमजोर थी। अँग्रेजी बोलने में उसे असुविधा होती थी, परंतु उसकी लेखन-क्षमता लासानी थी। आज भी ग्रामीण बच्चे बोलने में शहरी बच्चों के समक्ष हिचकिचाते हैं परंतु लिखने में कोई त्रुटि नहीं करते।

आनंद का प्रथम पदस्थापन अनुमंडलाधिकारी के रूप में हुआ। चतुर्दिक उसकी कर्मठता, सच्चरित्रता और न्यायनिष्ठता की चर्चा गूँजने लगी। अपनी कामयाबी पर किसे प्रसन्नता नहीं होगी। आनंद ने गरीबों, दलितों एवं कमजोर वर्गों की खुलकर कानून के दायरे में मदद की। गरीब खुश। दलित प्रसन्न और कमजोर वर्ग के लोगों के हौसले बुलंद। परंतु जमींदार, ताल्लुकेदार और नये धनाढ्य वर्ग के लोगों को आनंद का यह आचरण अप्रिय लगा। वे नहीं चाहते थे कि गरीब उन्नति करें। उनका आत्मसम्मान जाग्रत हो। क्योंकि पढ़-लिखकर वे अपने अधिकार के प्रति सजग हो जाएँगे। न्यूनतम मजदूरी के लिए हठ करेंगे। किसी प्रकार की जोर-ज्यादती का विरोध करेंगे। यह सब बड़े लोगों के हित के विरुद्ध होगा। जमींदारों के लठैतों, गुंडों पर आनंद ने निरोधात्मक कार्रवाई की। जन-भावना को उत्तेजना दी। बड़े लोगों ने मंत्री, मुख्यमंत्री तक आनंद की शिकायत की। जिलाधिकारी को जाँच मिली। उन्होंने सही-सही रिपोर्ट सरकार को भेज दी। आनंद की उन्होंने प्रशंसा की। फलतः उसका मनोबल तो समृद्ध हुआ पर कुछ ही महीने में उसका स्थानांतरण सचिवालय में कर दिया गया। अवर सचिव के पद पर। कहा गया कि सचिवालय को आनंद जैसे ईमानदार अधिकारी की आवश्यकता है। आज भी तो ऐसा ही होता है।

आनंद जहाँ भी गया, वहाँ उसने अपनी निष्ठा, लगन और कमजोर वर्गों के प्रति न्याय-ध्वज को आकाशस्पर्शिता दे दी। गुंडे, बदमाशों पर कठोरतम कार्रवाई करता। जिलाधिकारी, पूना के रूप में उसने गुंडे, बदमाशों के विरुद्ध जमकर कार्रवाई करके उसने आतंक का गला घोंट दिया। बच्चे, औरतें, कमजोर वर्ग, मजदूर, दलित सभी कहीं भी निर्भयतापूर्वक आ जा सकते थे। रात-दिन में कोई अंतर नहीं रहा। आनंद के सात्विक उत्साह को उनके बड़े अधिकारियों ने सम्यक् प्रोत्साहन और परिपोषण दिया।

मध्यम वर्ग में जन्मा आनंद बालपन में ही परिणय-सूत्र में बाँध दिया गया

था। सरकारी सेवा में प्रवेश के पूर्व ही उसके दो संताने हो गई थीं। एक बेटी और एक बेटा। दोनों पढ़ने में अच्छे थे। आनंद का गृहस्थ-जीवन भी सुखमय था। बीवी अनपढ़ अवश्य थी परंतु आनंद ने उसे इस योग्य बना दिया था कि वह पढ़-लिख सके। बच्चों की अच्छी देखभाल कर सके। जब आनंद के सत्कार्यों की चारों ओर श्लाघा हो रही थी तभी उसका स्थानांतरण बंबई में कलेक्टर पद पर हो गया। बंबई के कलेक्टर की विधि-व्यवस्था से कोई संबद्धता नहीं रहती है। वह दायित्व आरक्षी आयुक्त का रहता है। कलेक्टर पूर्णतः राजस्व अधिकारी हो जाता है।

बंबई में सरकारी भूखंडों पर अवैध आधिपत्य धड़ल्ले से होता रहता है। कहीं मंत्रियों के चमचों ने कब्जा कर लिए थे तो कहीं स्थानीय जमीन-माफिया के लोग। सरकारी तंत्र भी उनके गलत ढंग से रसीद बना देते थे। उन्हें भी उनका निर्धारित धनांश मिल जाता था। आनंद ने आते ही सरकारी जमीन का सर्वे कराया। उसके कुछ मित्रों ने सलाह दी कि शेर की माँद में सर घुसाने से क्या लाभ। पर आनंद तो अपने ढंग का विलक्षण व्यक्ति था। उसने मित्रों से कहा कि यदि हमलोग कानून की रक्षा नहीं कर सकेंगे तब फिर कौन करेगा। सरकारी जमीन को माफिया के चंगुलों से मुक्त कराना और उसे गरीबों, गृह-विहीनों में बाँटना बड़े अधिकारियों का वैधानिक दायित्व है। उसने सरकारी जमीन को अतिक्रमण-मुक्त करने की भीष्म-प्रतिज्ञा कर ली। सुबह से शाम, शाम से रात तक वह जमीन की गुत्थी सुलझाने में व्यस्त रहता। रात में घर जाने पर बीवी शिकायत करती, ''आपको घर का भी कोई ध्यान है। बेटी सयानी हो रही है। बेटा भी बड़ा हो रहा है। उनके भविष्य के बारे में भी सोचना है।'' आनंद अपनी पत्नी को सांत्वना देता, ''बच्चे को देखने के लिए तुम हो ही। मैं गरीबों की मदद कर रहा हूँ। उनका आशीर्वाद मिलेगा, जिससे ये बच्चे भी लाभान्वित होंगे। चिंता की कोई बात नहीं है। और फिर तुम तो कलेक्टर की बीवी हो।''

''आप तो हर बात को हँसी में टाल देते हैं। मैं आपसे अनुरोध करती हूँ, घर का भी ध्यान रखें।'' पत्नी ने नम्र भाव से कहा। ''अच्छा ठीक है, अब ध्यान दूँगा। अभी तो खाना खिलाओ। आज बहुत थक गया हूँ। सुबह से जमीन का अतिक्रमण हटवाते-हटवाते श्रांत-सा हो गया हूँ।''

आनंद को अपनी सफलता पर प्रसन्नता थी। अधिकारी, मित्र आदि उनके प्रयास की प्रशंसा करते। जो भी कार्यालय में आता प्रशंसा के दो शब्द अवश्य कहता। आए दिन समाचारपत्रों, टी.वी., रेडियो में आनंद की साहसिक न्यायनिष्ठा एवं कर्त्तव्यपरायणता की खबरें आतीं। कितने जमीन-माफिया भूमिगत हो गये, कितनों ने यह धंधा छोड़कर अन्य धंधा अपना लिया। हेरोइन की तस्करी, सोने की तस्करी, शस्त्र की तस्करी, आदि कुकृत्य अदृश्य-से होने लगे। रोज की तरह आज भी आनंद देर से घर आया। पत्नी को कुछ भयभीत देखकर उसने कारण पूछा। पत्नी ने कहा, ''आज शाम को दो बार फोन आया, जिसमें आपको सतर्क करने को कहा गया

है, नहीं तो जान से मारने की धमकी दी गई है।'' आनंद ने पत्नी को साहस दिलाया और कहा, ''घबराने की बात नहीं है। अपराधी जन्मजात कायर होते हैं। वे हमारा कुछ भी अनिष्ट नहीं कर सकेंगे। उनमें केवल धमकी देने की ही ताकत है। तुम्हें घबराने की तनिक भी आवश्यकता नहीं। तुम्हारे संतोष के लिए कहो तो कुछ सशस्त्र प्रहरियों की व्यवस्था कर दूँ।''

''नहीं ऐसी बात नहीं है। पर पहले तो कभी ऐसा फोन नहीं आता था। इस बार बंबई आने पर आप ऐसा क्या काम करने लगे कि बदमाश धमकियाँ दे रहे हैं।''

आनंद कार्यालय की बात कार्यालय तक ही सीमित रखता था। यह उसकी आदत-सी थी। न तो घर में कार्यालय की बात करता था और न ही कार्यालय की फाइलें घर लाता था। इसीलिए प्रायः प्रतिदिन वह घर विलंब से आता था। घर में ऑफिस की बात करने से कोई फायदा भी नहीं था। क्योंकि आनंद की पत्नी देहात की थी। शिक्षा के नाम पर बस साक्षर थी। आनंद की शादी बचपन में में ही हो गई थी। शादी के समय वह सातवीं कक्षा में पढ़ता था। परंतु नौकरी में आने पर साथ रहते-रहते उसकी पत्नी सभ्य समाज के तौर-तरीके सीख गई थी। बच्चों की देखभाल कर लेती थी। घर में आनंद-ही-आनंद था।

शाम के सात बजे थे। आनंद कार्यालय में था। पत्नी ने फोन किया। ''बेटी रत्ना अभी तक घर नहीं आई है। हर रोज साढ़े पाँच तक आ जाती थी। मेरा जी घबरा रहा है। आप घर आ जाइए।'' पत्नी की आवाज में घबराहट और चिंता के सुर सन्निहित थे। आनंद ने पत्नी को ढांढ़स देते हुए कहा, ''घबराओं नहीं। मैं अभी आता हूँ। हो सकता है किसी सहेली के घर रुक गई हो। आ ही जाएगी।''

''रत्ना ऐसी नहीं है। जब भी किसी सहेली के घर जाती है फोन अवश्य कर देती है। आज अभी तक फोन नहीं आया है।''

''अच्छा, मैं अभी आता हूँ।'' कहकर उसने फोन रख दिया और चपरासी से गाड़ी लाने को कहा।

आनंद ने जैसे ही घर में प्रवेश किया, टेलीफोन की घंटी घनघना उठी। उसने रिसीवर उठाया।

''हलो, आनंद हियर।''

''आनंद साहब, आपने हम लोगों को बहुत परेशान किया है।''

''कौन, कौन हो तुम।''

''मैं कौन हूँ यह जानने से आपको क्या फायदा? हम लोगों ने आपको सचेत किया पर आप नहीं सँभले।''

''तुम कौन हो? क्या चाहते हो?''

''मैं कोई भी हूँ! बस इतना जान लीजिए कि आपकी लाड़ली मेरी गोद

में है।''

आनंद के पैर के नीचे की जमीन खिसक-सी गई। वह अवाक्-सा हो गया पर कुछ ही क्षणों में स्वयं को सँभालते हुए उसने कहा, ''आप कौन हैं? क्या चाहते हैं? मेरी बेटी......।'' कहते-कहते आनंद की आँखों में आँसू उतर आए। उधर से टेलीफोन बंद कर दिया गया।

पत्नी ने हैरान शब्दों में पूछा, ''क्या हुआ? बिटिया का फोन था क्या!''

न चाहते हुए भी आनंद को कहना ही पड़ा, ''बेटी रत्ना को किसी ने अगवा कर लिया है।''

यह सुनते ही सुधा अचेत होकर फर्श पर धम् से जा गिरी। आनंद ने उसे उठाकर चारपाई पर लिटा दिया। पानी के कुछ छींटे मुख पर छिड़कते हुए कहा, ''सुधा होश में आओ, साहस से काम लो। बेटी शीघ्र ही सकुशल आ जाएगी। मैं संपूर्ण पुलिस-बल लगा दूँगा।''

आनंद ने पुलिस कमिश्नर को फोन किया, ''सर! मैं आनंद बोल रहा हूँ। अभी-अभी मुझे टेलीफोन पर किसी ने सूचना दी है कि मेरी बेटी को उसने अगवा कर लिया है। कुछ कीजिए।''

''आनंद साहब, घबराइए नहीं, मैं अभी कार्यवाई करता हूँ। मैं आ रहा हूँ।''

थोड़ी ही देर में पूरा पुलिस फोर्स हरकत में आ गया। कमिश्नर स्वयं वायरलेस पर सबको निर्देश दे रहे थे। बदमाशों, माफियाओं, गुंडों के ठिकानों पर छापे पड़ने लगे।

थोड़ी देर में सुधा को होश आ गया। होश में आते ही उसने पूछा, ''मेरी बेटी का पता चला।'' आनंद ने पत्नी का सिर सहलाते हुए कहा, ''देखो कमिश्नर साहब स्वयं आ गए हैं। पूरा पुलिस फोर्स लग गया है। शीघ्र ही रत्ना का पता चल जाएगा।''

फोन की घंटी पुनः बजी। आनंद ने रिसीवर उठाया। उधर से आवाज आई। ''फोन उठाकर चुप हो गए कलेक्टर साहब? आपकी बेटी मेरे आदमियों के कब्जे में है। आज रात.....।''

कमिश्नर ने फोन ले लिया। पूछा, ''कौन हो, बोलो! मैं पुलिस कमिश्नर बोल रहा हूँ।''

''अच्छा तो आप आ गए। कलेक्टर साहब की बेटी....।'' कहते-कहते फोन काट दिया।

कमिश्नर ने कहा, ''आनंद साहब, आप तनिक भी चिंता नहीं कीजिए। मेरे आदमी लगे हुए हैं। फोन भी टेप हो रहा है। जो भी होगा, जहाँ भी होगा, रात तक पकड़ में आ जाएगा।''

आनंद को नींद नहीं आ रही थी। उसके मन में भाँति-भाँति की दुश्चिंताएँ

उठ रही थीं। चार बजे सुबह नींद आ गई। पर फोन की घंटी बजते ही शीघ्र नींद उचट गई। उसने रिसीवर उठाया। कान में लगाते ही आवाज आई, ''कलेक्टर साहब, आपकी बेटी जुहू बीच के पास पड़ी है, उठा ले जाइए। आपके विरुद्ध हमारे कार्रवाई-क्रम की यह तो भूमिका मात्र है।''

आनंद ने पुलिस कमिश्नर को फोन किया। कमिश्नर को सुबह उठने की आदत थी। उन्होंने कहा, ''आप चाहें तो जुहू पर पहुँचिए। मेरे आदमी वहाँ आपको मिलेंगे। आवश्यकता हुई तो मैं भी आ जाऊँगा। बेटी को लाइए। बाकी सब बाद में देखा जाएगा।''

आनंद की पत्नी को शायद नींद आ गई थी। वह बेटे के साथ बगल के कमरे में थी। आनंद ने उसे नहीं जगाया। वह नीचे गया। गराज से गाड़ी निकाली और सीधे जुहू बीच पर पहुँचा। सुबह की लालिमा पूरब में छिटकर रही थी। चिड़ियों का चहकना शुरू हो गया था। समुद्र की नीलाभ लहरें पूरब हवा के साथ हिलोरें ले रही थीं। निर्जन स्थान में समुद्र-तट पर आनंद ने एक निश्चेष्ट मानव-शरीर को दूर से देखा। वह धड़कते प्राणों और काँपते कदमों से उसके निकट गया। बेटी को देखकर फफक-फफककर रो उठा। उसने अपनी लाड़ली को बाँहों में उठा लिया। कपड़े फटे थे और उस पर खून के धब्बे पड़े थे। उसके गाल सूज गये थे। आँखें लाल थीं। उसने बेटी को जगाने का प्रयास किया। वह घबराहट भरी मुद्रा में बोली, ''मुझे छोड़ दीजिए। मुझे मत मारिए।''

''बेटी मैं हूँ, पापा! होश में आओ, मैं आ गया हूँ।'' आनंद का गला रुँध गया।

इसी बीच पुलिस की गाड़ी आ गई। पुलिस कंट्रोल रूम में इंस्पेक्टर और सिपाही थे। पीछे से पुलिस उपायुक्त की भी जीप आ गई। आंनद ने बेटी को अपनी गाड़ी में पीछे की सीट पर सँभाल कर लिटा दिया। पुलिस के साथ वह अपने घर आया। नीचे से ही अपनी पत्नी को पुकारा, ''लो आ गई बिटिया। देखो, मैं तुम्हारी बेटी को ले आया।''

पत्नी स्वप्न देख रही थी। आनंद की आवाज कानों में पड़ी। विश्वास नहीं हुआ। सोचा अभी भी वह स्वप्न देख रही है। परंतु दुबारा आवाज आने पर वह उठकर खड़ी हो गई और दरवाजें की ओर बेतहाशा दौड़ पड़ी। आनंद ने बेटी को लेकर कमरे में प्रवेश किया और उसे चारपाई पर लिटा दिया।

इसी बीच एक सिपाही दौड़कर ऊपर आया। आनंद से बोला, ''हुजूर, कमिश्नर साहब आ गये।''

कमिश्नर ने सांत्वना भरे स्वर में आनंद की पत्नी सुधा को संबोधित किया, ''भाभी जी! जो होना था हो गया। अब घबराने से क्या लाभ! गैंग का पता चल गया है। साला यूसुफ जहाँ भी होगा, शाम तक जेल के अंदर होगा।''

“जो भी करना है भइया करिये। अब क्या। मैं तो लुट गई। कहीं की नहीं रही।”

आनंद ने सुधा को समझाया, “जो भी हुआ उसका तो अब हमें साहसपूर्वक सामना करना ही है। यदि हम लोग डर गये तो आम लोगों की दशा क्या होगी।”

कमिश्नर को वायरलेस पर खबर मिली, “गृहमंत्री जी आंनद के घर पहुँच रहे हैं। पूरी पुलिस सतर्क हो गई।

मंत्री जी ने आते ही आनंद की पीठ थपथपाई और कहा, “आनंद साहब, समाज बहुत खराब हो गया है। गुंडों, बदमाशों की संख्या बढ़ती जा रही है। अच्छा हुआ कि बेटी घर आ गई। मैं बदमाशों को गिरफ्तार कर हिरासत में लेने का आदेश कर चुका हूँ। रात जब मुझे इस घटना की जानकारी मिली, मैं बेचैन हो गया। मैंने पुलिस को आदेश दिया कि शहर के तमाम बदमाशों के अड्डों पर सघन छापामारी की जाए। हम लोग आपके साथ हैं।” फिर वे पुलिस कमिश्नर की ओर इशारा करते हुए बोले, “कमिश्नर साहब, मैं आपको कब से कह रहा हूँ कि गुंडे-बदमाशों पर कड़ी कार्रवाई कीजिए। लेकिन आपको तो जनता का ख्याल ही नही है। सुनना तो पड़ता है हमको। लोग गालियाँ देते हैं। आज शाम तक इस मामले के अभियुक्तों को पकड़कर जेल भेजिए।”

“अच्छा आनंद, मैं चलता हूँ। घबराना नहीं, कमिश्नर साहब आपके यहाँ एक हाउस गार्ड लगा देंगे।”

मंत्री जी को छोड़ने आनंद और कमिश्नर नीचे तक आए। मंत्रीजी ने अपनी कार में बैठे एक आदमी का परिचय कराया, “यह मेरे मित्र युसूफ हैं। दुबई और बम्बई में इनका बहुत बड़ा कारोबार है। जनता की सेवा में ये मेरी मदद करते हैं।”

मंत्री जी गाड़ी में बैठकर चले गए। कमिश्नर ने भी आनंद से विदा ली और स्थानीय पुलिस उपायुक्त को इशारे से युसूफ को गिरफ्तार करने का निर्देश दिया।

बेटी रत्ना की स्थिति देखकर आनंद की पत्नी सन्न रह गई। उसका धैर्य टूट गया। हिम्मत पस्त हो गई। उसने आनंद से कहा, “बहुत हो गई बंबई की नौकरी। अब हम लोग इस शहर में नहीं रहेंगे।”

“पर शहर छोड़ देने से बम्बई की नसों में फैलता जहर समाप्त नहीं होगा। यदि हम लोग कुछ आतंकवादियों के आतंक से डर जायेंगे तो अन्य लोगों का क्या होगा।

हम लोग यहीं रहकर समाज में फैलते जहर के ख़िलाफ़ लडेंगें।

तेली की खोपड़ी

श्रीमती रमा सिंह की बीमारी की चर्चा समूचे इलाके में जोरों पर थी। उन्हें कौन-सी बीमारी है और उसका क्या कारण हो सकता है, यह तथ्य डॉक्टरों, वैद्यों के लिए एक अनबूझ पहेली बन बैठा था। क्षेत्र के तमाम डॉक्टरों ने अपने-अपने चिकित्सीय कौशल की आजमाइश कर ली थी। असाध्य रोगों को साध लेनेवाले बनारस तक के यशस्वी वैद्यों ने भी अपनी दवा का प्रयोग कर हार मान ली थी। होमियोपैथी, ईरानी, देशी-विदेशी किसी भी औषधि का कोई असर नहीं उभर रहा था। ओझा, सोखा, तांत्रिकों की भी मदद ली गई, परंतु कोई लाभ नहीं। अपनी पत्नी की इस विकट बीमारी को लेकर बाबू सुरेंद्र सिंह और उनकी माता सतत् उन्मन-उदास रहा करते थे। सुरेंद्र सिंह को लेखपाली की नौकरी मिल गई थी। वे सप्ताह में तीन-चार दिन अपने हल्का में रहते परंतु उनका मन सतत् घर में ही अटका रहता। जब भी मौका मिलता, वे घर की रहा पकड़ लेते।

श्रीमती सिंह को इस अनबूझ बीमारी के अलावा और कोई कष्ट नहीं था। भरा-पूरा घर था, भगवान ने एक बेटा भी दिया था। खाने-पीने की कोई कमी नहीं थी। परंतु यह बीमारी ही उनकी उनके पूरे परिवार की सुख-शांति चबाए जा रही थी। शादी के कुछ ही वर्षों बाद पाँव भारी होने के साथ ही पेट में यह दर्द पैठ गया था। कभी दायें, कभी बायें, कभी ऊपर तो कभी नीचे। उसकी चहलकदमी चलती रहती थी और पता नहीं चल पाता था कि वह पेट के किस हिस्से में है। इसका प्रकोप कभी-कभी तो अचेतनावस्था में ले जाता था। दर्दनिवारक दवा का प्रभाव भी कुछ ही देर ठहरता और उसका असर मिटते ही बेचैनी और अधिक विभीषक बन जाती।

पं. सीताराम को भी श्रीमती रमा सिंह की बीमारी की खबर लग गई थी। सुरेंद्र सिंह की अनुपस्थिति में एक दिन वे रमा सिंह और उनकी सास से उनके घर पर मिले और उन्होंने रमा सिंह को विश्वास दिलाया कि वे उनकी बीमारी दूर कर

देंगे। अंधे को और क्या चाहिए–दो आँख। रमा सिंह की सास ने कहा, "पंडित जी! हमारी बहू को ठीक कर दीजिए, जो भी खर्चा-पानी लगेगा, उसका इंतजाम हो जाएगा।" पंडित सीताराम को मामला सँवरता नजर आया। उन्होंने कहा, "माता जी आप चिंता न करें, यह ग्रहों का फेर है। मैं आ गया हूँ, अब सब ठीक हो जाएगा। मैं तो देवी का पुजारी हूँ, उन्हीं की कृपा से सब कुछ होता है। मैं अपने लिए कुछ नहीं लेता। पूजा-पाठ में जो खर्च होता है, बस वही देना होता है। मैं देवी माँ से अभी आपके सामने पूछ कर बताता हूँ कि इस बीमारी के इलाज में क्या खर्च आएगा! पंडित सीताराम ने अपने कंधे पर लटके झोले से एक छोटी-सी आदमी की खोपड़ी निकाली। उसे कान के पास सटाया और पूछा, "माँ आप जगी हैं या सो रही हैं?" दो-तीन बार यह प्रश्न दुहराया। फिर स्वयं ही उत्तर दिया, "क्षमा करें माँ! एक भक्त को भीषण कष्ट है, इसीलिए आपका आह्वान करना पड़ा। ...हाँ, हाँ! भक्त का नाम रमा सिंह ही है। इसे एक बेटा है। खूब सुखी-संपन्न है। सभी सुविधाएँ हैं, परंतु बीमारी से त्रस्त हैं। ...हाँ, हाँ माँ! आपने ठीक पहचाना। अब बताइए, यह बीमारी ठीक होगी या नहीं। यदि ठीक होने लायक है भक्त को इस बीमारी का इलाज के लिए कितने पैसों का प्रबंध करना पड़ेगा। ...बारह हजार! ठीक है माँ, मैं इन्हें सब बातें बताता हूँ। बीमारी को ठीक करना तो आपका ही काम है। मैं तो आपका निमित्त मात्र हूँ।" थोड़ा रुककर फिर बोले, "ठीक है, माँ! मैं नारियल-परीक्षण भी करके देख लूँगा, जब परिणाम अनुकूल आएगा तभी मैं इस असाध्य बीमारी में हाथ लगाऊँगा अन्यथा भक्त को अनावश्यक खर्च में क्यों डालूँ।"

पंडित ने खोपड़ी अपने कान से अलग की और रमा सिंह से कहा, "देखो ठकुराइन, बीमारी तो आपकी ठीक हो जाएगी। अभी-अभी मैंने देवी माँ से बात की। इस पर कुल बारह हजार रुपयों का खर्च पड़ेगा। परंतु अनुष्ठान आरंभ करने के पूर्व माँ के आदेश से नारियल-परीक्षण करना है। उसी से ज्ञात होगा कि बीमारी ठीक होने वाली है या नहीं। नारियल-परीक्षण एक छोटी-सी आध्यात्मिक प्रक्रिया है। बाजार से दो-तीन नारियल लाने होंगे। बीमार के हाथ से किसी एक नारियल को तुड़वाना है। यदि बीमारी ठीक होने वाली होगी तब नारियल भीतर से खिला हुआ फूल निकलेगा अन्यथा केवल पानी। यह परीक्षण मैंने सैकड़ों बार किया है। जब काम बनने वाला होता है, नारियल से फूल निकलता है और उसके बाद ही मैं पूजा में हाथ लगाता हूँ। माँ की कृपा से ही सब कुछ होता है। तीन नारियल, एक मीटर एकरंगा लाल कपड़ा, अगरबत्ती और प्रसाद के लिए आधा किलो लड्डू तत्काल इतना ही सामग्री चाहिए। आपको नये कपड़े पहनने हैं। यदि घर में है तो ठीक, अन्यथा बाजार से मँगा लीजिएगा। पूजा का सामान मँगवाकर आप जब हमें सूचित करेंगी तब मैं आ जाऊँगा। पूजा के लिए धोती, कुर्ता, गमछा भी चाहिए जिसे पहनकर मैं पूजा करूँगा। यह बहुत ही पवित्र पूजा है। इसमें पूर्ण शुद्धता और श्रद्धा अपेक्षित है। किसी प्रकार

की शंका से अमंगल भी हो सकता है।''

''देखिए, पंडित जी मैं कहाँ बाजार जाऊँगी। मुझे भी तो किसी से यह सब मँगवाना पड़ेगा। अच्छा होगा कि आप ही लेते आइएगा। जो भी पैसा लगेगा ले लीजिएगा। पूजा-पाठ का मामला है। किस तरह का कौन-सा सामान चाहिए यह आप से अच्छा और कौन जानता है।'' श्रीमती सिंह ने विनीत स्वर में पंडित जी से अनुरोध किया।

पंडित जी भी तो यही चाहते थे। श्रीमती सिंह का विश्वास जीतने के लिए उन्होंने कहा, ''ठकुराइन, इन सामानों में कितना खर्च होगा, यह तो मुझे भी पता नहीं है। मैं बाजार से सारा सामान लेता आऊँगा, पैसे भाग थोड़े ही जाएँगे, मैं आप से ले लूँगा।'' कहते हुए पंडित सीताराम ने खोपड़ी को पुनः कान से लगाया और कहा, ''माँ मैं आपकी इच्छानुसार काम कर रहा हूँ। भक्त की लाज रखना आप का काम है।'' यह कहते हुए वे साष्टांग धरती पर लेट गए।

ठकुराइन ने अपनी बहू के हाथ का स्पर्श कराकर थोड़ा चावल और आटा पंडित जी को दिया। उन्होंने प्रसन्न मुद्रा में सीधा बाँध कर कंधे पर लटका लिया और आशीर्वादस्वरूप हाथ उठाकर जय-जयकार करते हुए चलते बने।

बाबू सुरेंद्र सिंह साप्ताहांत में घर आए। परंतु उनकी माँ और पत्नी ने उनसे पूजा-पाठ की बात नहीं की। पंडित जी ने यह शर्त लगा दी थी कि पूजा-पाठ की जानकारी बाबू साहब को कतई नहीं होनी चाहिए। सुना है कि उन्हें इन बातों में विश्वास नहीं है। और विश्वास का ही फल मिलता है।

श्रीमती रमा ने रात्रि में अपने पति से कहा, ''आप हफ्तों बाहर रहते हैं। कभी-कभार पैसों की जरूरत पड़ जाती है और तब बड़ी कठिनाई होती है। माँ जी के पास भी हरदम पैसा नहीं रहता। पड़ोसिन से पैसा उधार माँगना अच्छा नहीं लगता है। कुछ पैसे हमारे पास छोड़ दीजिए ताकि जरूरत पड़ने पर किसी का मुँह नहीं ताकना पड़े।''

''कितने पैसों की जरूरत है। आपने कभी कहा भी तो नहीं।'' बाबू सुरेंद्र सिंह के किंचित् विस्मय व्यक्त करते हुए पूछा। विस्मय इसलिए कि उनकी पत्नी ने कभी किसी चीज की माँग नहीं की थी। आज उसका पैसे की माँग करना उन्हें अस्वाभाविक लग रहा था।

''यही करीब दो-ढाई हजार'' पत्नी ने कहा।

''दो-ढाई हजार? इतने रुपयों का क्या करोगी? ऐसी क्या आवश्यकता आ पड़ी, जिसमें दो-ढाई हजार लग जाएँगे।'' सुरेंद्र सिंह ने स्पष्टीकरण-स्वरूप पूछा।

''मैं जानती थी, आप यही पूछेंगे! क्या मैं रुपयों को कहीं लुटा दूँगी। आपको मुझपर विश्वास नहीं है।'' रमा सिंह ने तुनककर जवाबी हमला किया और दूसरी ओर मुँह फेरकर सोने की मुद्रा बना बैठी।

“मैं कोई शक नहीं कर रहा और यही कह रहा हूँ कि आप पैसों का दुरुपयोग करेंगी। मैं तो बस यों ही पूछ बैठा था।” सुरेंद्र सिंह ने प्यार जताते हुए कहा। परंतु उनकी पत्नी बिना कोई प्रतिक्रिया व्यक्त किए सोने का बहाना बनाये रखी। सुरेंद्र सिंह ने पुनः कहा, “अरे भाई इसमें नाराज होने की क्या बात है। मैं तुम्हें दो ढाई हजार रुपयों का बंदोबस्त कर दूँगा। अभी तो नहीं है। यह माह का अंतिम सप्ताह है। अगले सप्ताह रुपये मिल जाएँगे। अब तो प्रसन्न हो जाइए देवी जी।” यह कहकर सुरेंद्र ने अपनी पत्नी को अपनी ओर खींचकर बलिष्ठ बाँहों में बाँध लिया।

रमा ने मन ही मन प्रमुदित होते हुए सोचा कि उनका तीर निशाने पर लगा है। उन्होंने पति की प्रीतिकर पकड़ को स्वयं छुड़ाने का अभिनय करते हुए कहा, “अच्छा अब सो जाइए। मैं आज ही पैसा थोड़े माँग रही हूँ।” उन्होंने प्रसन्न होते हुए सोचा कि पंडित जी के पूजा-पाठ की तैयारी के पैसों का इंतजाम हो जाएगा।

दो-तीन दिनों के बाद खूब तड़के पं. सीताराम रामनामी दुपट्टा ओढ़े सुरेंद्र सिंह की कोठी पर आ धमके। घर में बड़ी ठकुराइन और रमा सिंह थीं। बेटा पढ़ने गया था। पं. सीताराम को समय-असमय का सम्यक् ज्ञान था। आज भी उचित समय पर ही वे पहुँचे थे। उन्होंने घर के आँगन की सफाई करवाई। गोबर से लिपवाया। चौका पुराकर काली कमली जमीन पर बिछवायी और श्रीमती रमा सिंह ने स्नान करके नववस्त्रों में पूजा-स्थली पर पधारने का अनुरोध किया। फिर तीनों नारियलों को लाल कपड़े में लपेटा। हल्दी, अक्षत, फूल, माला चढ़ाने के बाद श्रीमती रमा सिंह से कहा, “इन तीन नारियलों में से किसी एक को उठा लीजिए। माँ भगवती का ध्यान धरकर मनोकामना-पूर्ति के लिए नारियल तोड़िए। भगवती की जैसी इच्छा। बीमारी दूर होनी होगी तो माँ की कृपा से खिला हुआ पुष्प निकलेगा।” श्रीमती सिंह ने आँख मूँदकर ध्यान किया और फिर दाहिना हाथ बढ़ाकर बीच के नारियल को उठा लिया। नारियल तोड़ा गया। नारियल का पानी बाहर बाहर निकला। साथ में लाल रंग का अड़हुल माथे पर चढ़ाया और फिर उसे श्रीमती रमा को देते हुए कहा, “नारियल के पानी का पान कर लें यह माँ का प्रसाद है। फूल को अपने आँचल में बाँध लें। माँ की कृपा हो गई है। अब बीमारी को तो ठीक होना ही है।”

ठकुराइन के घर में प्रसन्नता की लहरें पसर गईं। बड़ी ठकुराइन ने ईश्वर का धन्यवाद किया और श्रद्धापूर्वक पंडित जी का चरण-स्पर्श करते हुए कहा, “पंडित जी, आप तो भगवान् बनकर मेरे घर आए हैं।”

“माँ जी, अभी-अभी आपके सामने ही देवी माँ का चमत्कार हो गया। अब आपका दुःख दूर हो जाएगा। परंतु मैं आपसे पुनः आग्रह करता हूँ कि इन सब बातों की भनक किसी को नहीं लगनी चाहिए, आपके बेटे तक को भी नहीं। बीमारी ठीक होने पर सबको स्वतः ही जानकारी हो जाएगी। आप तो जानती हैं कि आजकल

के पढ़े-लिखे लोग नास्तिक होते जा रहे हैं। परंतु विश्वासं फलति सर्वत्र। ईश्वर पर अडिग आस्था रखिए, सब ठीक हो जाएगा।'' पं. सीताराम ने अपनी विजय पर मुस्कुराते हुए सुरेंद्र की माँ को अपने विश्वास-सूत्र में बाँध लिया।

''माता जी! आज की पूजा तो समाप्त हो गई। अब मैं कल से बीमारी भगाने का जाप शुरू करूँगा। आज की पूजा का सामान, सब मिलाकर आठ सौ रुपये का था। मैंने दुकानदार से उधार ले लिया है। कल पूजा प्रारंभ करने के लिए भी करीब बारह-तेरह सौ रुपए लगेंगे। दोनों खर्चों को मिलाकर करीब बाईस सौ रुपया दे दीजिए।'' सुरेंद्र सिंह की माँ ने बाईस सौ रुपए दे दिए। पंडित जी ने रुपयों को सँभालकर टेट में रखा और प्रसन्नगति से चलते बने।

दूसरे दिन पंडित जी ने कोठी के परिसर में एकांत जगह की खोज की। सुरेंद्र सिंह का यह पुश्तैनी मकान है। कोठी के अलावा गाय, बैल, भैंस आदि को बाँधने के लिए घर के दक्षिण में एक बड़ी-सी सरिया है। मकान के उत्तर-पूर्व कोने में बड़ा-सा कुआँ है, जिसकी जगत चारों ओर से पक्की है। उत्तर और पश्चिम में आम, कटहल, जामुन, अमरूद, शरीफा आदि के सैकड़ों पेड़ हैं। बाग के बीच में ही शिव जी का मंदिर है, जिसके चारों ओर फुलवारी है। मंदिर का बरामदा सदैव साफ-सुथरा रखा जाता है। पंडित सीताराम ने इसी मंदिर के परिसर में जप-तप, पूजा-पाठ करना उपयुक्त समझा। स्थल तो साफ-सुथरा था ही। पूजा-पाठ करते समय गुग्गल, अगरबत्ती, होम, आदि करने से पूरा वातावरण महमहा उठा था। दो दिन की पूजा और पंडित जी द्वारा दिए गए प्रसाद खाने से रमा सिंह को लगा कि उनका दर्द किंचित् कम होने लगा है।

तीसरे दिन दर्द फिर बढ़ गया। रमा सिंह ने पंडित जी को दर्द बढ़ने की जानकारी दी। पंडित जी ने आश्वासन दिया, ''ठकुराइन, ईश्वर पर विश्वास रखिए, सब ठीक हो जाएगा। इतनी लंबी बीमारी को जाने में कुछ समय तो लगना ही है।''

सुरेंद्र सिंह जब अपनी कोठी पर साइकिल से पहुँचे तब अँधेरा छा चुका था। पूरबा की उमस से शरीर पसीने से भीग गया था। उन्होंने बरामदे में साइकिल खड़ी की। गुड़ खाकर पानी पिया। पानी पीने से पसीने की धार और तेज हो गई परंतु पत्नी के आनंदातिरेक से दमकते सुकोमल मुखमंडल को देखकर वे पसीने की चिपचिपाहट तथा अपनी यात्राजन्य क्लांति भूल गये। उन्हें अव्यक्तनीय प्रसन्नता का अनुभव हुआ। उन्होंने पत्नी रमा से कहा, ''देखो, कोई आदमी हो तो बोलो बाल्टी-लोटा कुआँ पर रखकर पानी भर दे, पसीने से तरबतर हूँ, नहा लूँ, तो अच्छा रहेगा।''

कुआँ पर क्यों, अंदर आँगन में स्नान कर लीजिए। गर्मी से आए हैं, बाहर स्नान करना ठीक नहीं। मैं पानी रखवाए देती हूँ।'' रमा ने साधिकार अनुरोध किया।

''नहीं रमा, बाहर ही नहा लेता हूँ। खुले में स्नान करना अच्छा लगता है।

हल्का में तो रोजाना बाहर ही कुएँ पर स्नान करता हूँ। आदमी बुलाओ और धोती, गमछा भी भेज दो।'' सुरेंद्र ने अपनी इच्छा दुहरायी।

सुरेंद्र की इच्छा के विरुद्ध रमा कभी कोई काम नहीं करती है। उसने कहा, ''ठीक है, जैसी आपकी मर्जी। परंतु मेरी एक बात माननी होगी। स्नान करके मंदिर की तरफ नहीं जाइएगा। यह वायदा करिए।''

''क्यों भाई, मंदिर जाने में क्या खराबी है? कहीं शिव जी से तकरार तो नहीं हो गई है? मैं उनसे विनती करता हूँ, वे तो आशुतोष हैं। प्रसन्न हो जाएँगे।''

''आपको तो हर बात में मजाक ही सूझता है। कभी गंभीरता से तो काम लीजिए। मैं आपको कसम धराती हूँ कि आप मंदिर पर नहीं जाएँगे।''

''ठीक है भाई, नहीं जाऊँगा मंदिर पर। इसमें कसम धरने-धराने की क्या आवश्यकता है। चलिए कुछ खाना-वाना का प्रबंध कीजिए। मैं स्नान करके सीधे तुम्हारे पास आता हूँ। दोपहर से कुछ नहीं खाया है।'' सुरेंद्र पत्नी को प्रसन्न करने का प्रयास करते हुए कुएँ पर स्नान करने चला गया।

कुएँ पर जाते ही मंदिर की ओर से आती सुरभित बयार ने सुरेंद्र का मन खींच लिया। मंदिर के समीप दीये टिमटिमा रहे थे और हवन से निकलते धुएँ की पतली-पतली स्वच्छ बादलों की परतें झिलमिलाते दीये की लौ में स्पष्ट दिखाई देतीं थी। रमा द्वारा मंदिर की ओर न जाने की सुरेंद्र सिंह को सौगंध खिलाने का राज़ खुलता-सा नजर आया। सुरेंद्र की उत्सुकता परवान चढ़ने लगी। उसने स्नान करके कपड़े बदले और फिर वह मंदिर की ओर चल पड़ा। वहाँ का दृश्य अजीब था। एक पुजारी मंत्रोचारण करके हवन-कुंड में हवन-सामग्री डाले जा रहा था। पुजारी की लाल-लाल बड़ी-बड़ी आँखें ऊपर उठीं। आँखों से ही सुरेंद्र को आसन ग्रहण करने का संकेत किया। पास में पड़ी चारपाई पर जैसे ही वह बैठना चाहा, पुजारी चीख उठा, ''वहाँ नहीं, मूर्ख।'' फिर जमीन की ओर इशारा करते हुए बोला, ''तू अपना भला चाहता है तो पूजा में विघ्न मत बन। चुपके से जमीन पर बैठ जा। देवी माँ यदि नाराज हो गईं तब तुम्हारा सर्वनाश कर देंगी।''

सुरेंद्र जमीन पर फैली चटाई के ऊपर बैठ गया। पुजारी अपनी पूजा-प्रक्रिया में तल्लीन हो गया। पूजा समाप्त करके हवन-कुंड के समक्ष माथा टेककर पुजारी ने स्वतः कहा, ''माँ रक्षा करो। भक्त अनजान है। क्षमा कर दो माँ।''

सुरेंद्र सिंह को यह समझने में विलंब नहीं लगा कि पुजारी उसकी ही अज्ञानता स्वरित कर रहा है। उन्होंने पुजारी से करबद्ध होकर कहा, ''महात्मा जी आप जैसे महान् विभूति के दर्शन हमें आज तक क्यों नहीं हुए। आपके दर्शन पाकर मैं कृतकृत्य हो गया।'' सुरेंद्र सिंह ने पुजारी के मन के भीतर प्रवेश करने का प्रयत्न किया। प्रशंसा से भला कौन नहीं प्रसन्न हो जाता। देवी, देवता यहाँ तक कि भगवान् भी। पुजारी तो आदमी ही था।

सुरेंद्र सिंह ने ही बात आगे बढ़ाई, ''महात्मा जी! सुना है कि आपने देवी माँ को सिद्ध कर लिया है। आपने बहुत-से लोगों का कष्ट हरण किया है। इस घर का कष्ट दूर करना तो आपके लिए कुछ भी नहीं है। आप किस देवी की आराधना करते हैं, प्रभु।''

पुजारी सीताराम ने हवा में हाथ लहराते हुए कहा, ''लो भक्त माँ का प्रसाद।'' सुरेंद्र ने हाथ में प्रसाद लिया। इलायची के पाँच दाने। उन्होंने प्रसाद को माथे से लगाकर कहा, ''महात्मा जी, अपनी सिद्धि के संबंध में कुछ बताइए। मैं आपसे दीक्षा लेना चाहता हूँ।''

''भक्त! यह मार्ग बड़ा दुर्गम है। इसमें कंटक ही कंटक हैं। तुम जहाँ हो, वहीं ठीक हो। यह खोपड़ी देखते हो ना। यह एक तेली की खोपड़ी है। जब मैं सोलह साल का था तभी मेरे पड़ोस में एक तेली के बेटे की अकाल मृत्यु हो गई। घर वालों ने उसकी लाश को गाड़ दिया। मैंने अमावस्या की अँधेरी रात्रि में लाश को खोद कर बाहर निकाला। उसका सिर काट लिया और धड़ को पुनः वहीं गाड़ दिया। तेली की इस खोपड़ी को लेकर मैं कामरूप चला गया। वहाँ पर लगातार तीन साल तक माँ की आराधना की और तंत्र-विद्या सीखी। खोपड़ी को जाग्रत किया। जब खोपड़ी बोलने लगी, तब मैं वहाँ से गाँव लौट आया और तबसे दीन-दुखियों का दुःख दूर करने लगा हूँ। इस कोठी की ठकुराइन ने याद किया। मैं आ गया।''

''महात्मा जी, सुना है कि आप इस खोपड़ी से बातें किया करते हैं। क्या अभी बात हो सकेगी। मेरे मन में आपकी विद्या को जानने की उत्सुकता बढ़ रही है।'' सुरेंद्र सिंह ने महात्मा जी का विश्वास जीतने का पुनः प्रयास किया। परंतु पुजारी था बहुत होशियार। वह आदमी की मानसिकता को शीघ्र भाँप लेता था वह समझ गया कि आगन्तुक उसकी परीक्षा लेना चाहता है। उसने उससे पीछा छुड़ाने के उद्देश्य से कहा, ''बुद्धिमान मूर्ख, तू चला जा, अन्यथा अनर्थ हो जाएगा। फिर मैं भी कुछ नहीं कर सकूँगा। देवी माँ की शक्ति की परीक्षा लेना चाहता है। अरे हठ! मैं तुम्हारे मन की बात समझ सकता हूँ।''

सुरेंद्र सिंह को एक बार अंदर से जबर्दस्त धक्का-सा लगा। फिर स्वयं को सँभालते हुए सोचा कि पुजारी की विद्या के बारे में जानकारी तो लेना ही है। नुकसान होगा तो हो। एक बेटा है। होगा वही जो होना है। पत्नी तो वैसे भी बीमार रहती है। उन्होंने हाथ जोड़कर विनय की, ''नहीं महात्मा जी, मेरी उत्सुकता में शंका कहाँ से आएगी। मैंने कहा न कि मैं आपसे दीक्षा लेना चाहता हूँ। मैं तो कब से गुरु की तलाश में हूँ। पहली बार आप जैसा ज्ञानी मिला है। महात्मा जी, क्या मैं इस खोपड़ी के दर्शन कर सकता हूँ। इसका स्पर्श कर सकता हूँ।''

''नहीं भक्त! यह संभव नहीं है। अमावस्या, पूर्णिमा और एकादशी को आना

तो खोपड़ी से बात करा दूँगा। तुम अभी इस खोपड़ी का स्पर्श नहीं कर सकते। इसके लिए कठोर तपस्या करनी होती है।'' पुजारी ने सुरेंद्र सिंह को टालने का बहाना ढूँढ़ा।

सुरेंद्र सिंह पर इन बातों का कोई प्रभाव नहीं पड़ा। वे बोले, ''महात्मा जी, मुझे खोपड़ी के दर्शन करने दीजिए। आगत अनिष्ट को रोकने के लिए तो आप हैं ही। महात्मा लोग ही तो ईश्वर के प्रतिरूप होते हैं। फिर खोपड़ी तो आपके वश में है ही।'' पुजारी खोपड़ी को लाल वस्त्र में लपेटकर झोले में रखना चाह रहा था। सुरेंद्र के मन की शंका बलवती हो उठी और उन्होंने पुजारी के हाथ से खोपड़ी झपटकर ले ली। फिर उसे आँखों के निकट लाकर उसका गंभीर निरीक्षण किया। दो काली-काली आँखें, नाक, मुँह और चौड़ा माथा परंतु वजन कुछ ज्यादा। सुरेंद्र को लगा कि भीतर कुछ भरा हुआ है। पुजारी ने बार-बार खोपड़ी वापस करने और आसन्न आपदा की बात दुहरायी। परंतु सुरेंद्र न तो घबराया और न ही उस पर कोई विशेष असर पड़ा। निकट परीक्षण से स्पष्ट हो गया कि यह आदमी की खोपड़ी नहीं है। सुरेंद्र ने कहा, ''महात्मा जी, अब मैं इस जादुई खोपड़ी के भीतरी भाग को देखना चाहता हूँ।'' इतना कहकर उन्होंने खोपड़ी को एक पत्थर पर रखा और वहीं पर पड़ी कुदाल से उसको खंडित कर दिया। खोपड़ी कई टुकड़ों में टूट गई। अंदर का गुद्दा चारों ओर छितरा गया।

इसी बीच सुरेंद्र सिंह की माँ और पत्नी भी पूजा-स्थली पर आ पहुँची। उन्होंने साश्चर्य देखा कि पुजारी पंडित सीताराम हतप्रभ-सा डरावनी मुद्रा में खड़े हैं। खोपड़ी के टुकड़े और गुद्दे इधर-उधर बिखरे पड़े हैं। सुरेंद्र सिंह गुस्से से लाल होकर पंडित पर गालियों की बौछार कर रहे थे। उनकी माँ ने बेटे को डाँटते हुए कहा, ''सुरेंद्र, तुमने यह क्या किया। पंडित जी ने बड़ी निष्ठा से पूजा शुरू की थी। तुमने सब किये कराए पर पानी फेर दिया। अब लगता है कि बहुत बड़ा अनर्थ आने वाला है।'' सुरेंद्र चुप। उनकी पत्नी ने कहा, ''मैंने आपको मना किया था कि मंदिर के पास मत जाइएगा। मैं जानती थी कि आप इन सब बातों में विश्वास नहीं करते। पर अब क्या होगा।''

सुरेंद्र ने अपनी माँ और पत्नी को शांत करते हुए कहा, ''माँ! यह पूजा नहीं, ढोंग है। महात्मा जी के बारे में मैं पूरी जानकारी रखता हूँ। इन्होंने बहुतों को ठगा है। महात्मा जी, अब आप ही बोलिए कि यह खोपड़ी है या और कुछ। अगर अब भी बेवकूफ बनाने का प्रयास किया तो मैं आपका सिर फोड़ दूँगा।''

पंडित जी ने क्षमा माँगते हुए कहा, ''माँ जी, आप मुझे क्षमा कर दें। यह आदमी की खोपड़ी नहीं है। खोपड़ी से बात करना मेरे प्रपंच की उपज थी, आप लोगों को विश्वास में लेने के लिए। आप स्वयं देख लीजिए यह पका हुआ बेल है। मैंने ही इसमें आँख, नाक, कान बना दिया था, अन्यथा आपको विश्वास कैसे होता।''

यह सुनते ही बड़ी ठकुराइन का ठाकुरत्व जग आया। वे गुस्से से काँपने लगीं।

उन्होंने डाँटते हुए कहा, "पंडित, तूने केवल मुझे और मेरे परिवार को धोखा नहीं दिया है तूने देवी-देवताओं के प्रति आदमी की पवित्र आस्था को भी विखंडित किया है, धोखा दिया है। मेरे बेटे ने तुम्हारे साथ जो व्यवहार किया, वह बहुत कम है। इच्छा तो होती है कि तुझे पुलिस के हवाले कर दूँ परंतु तेरे बीवी-बच्चों का ख्याल आता है। जा, अविलंब चला जा यहाँ से।

त्याग

आजादी के बाद तमाम छोटे-छोटे राज अपनी स्वतंत्र-सत्ता खोकर देश के अंग बन गये। राजकोट राज भी समाप्त हो गया। वहाँ के पदाधिकारी, कर्मचारी सरकारी तंत्र में उपयुक्तता के अनुसार समंजित कर लिए गए। देवव्रत वापट राजकोट राज में आरक्षी महा-निरीक्षक (आई.जी.) थे। राज के विलय होने पर उन्हें सरकार ने आरक्षी उपाधीक्षक (डी.एस.पी.) के पद पर नियुक्त कर लिया। कालक्रम से प्रोन्नति पाते-पाते वे बड़ौदा क्षेत्र के डी.आई.जी. हो गए थे। उन्होंने अपनी एकमात्र संतान गौरी को बड़े लाड़-प्यार से पाला-पोसा था। उच्च शिक्षा दी थी। बी.ए. करने के बाद वह आर्किटेक्ट का कोर्स पूरा कर रही थी कि उसकी मुलाकात सुरंजित से हो गई।

सुरंजित के पिता बिहार नालंदा जिला में अध्यापक थे। सुरंजित एक मेधावी, परिश्रमी और सुदर्शन युवक था। कक्षा में वह सदैव प्रथम आता था। इसलिए पिता ने उसे पटना विश्वविद्यालय में दाखिला दिला दिया था। वहाँ भी वह प्रथम श्रेणी में स्नातक-परीक्षा उत्तीर्ण हुआ और अखिल भारतीय सेवा की परीक्षा में सम्मिलित हुआ। वहाँ भी वह सफल हुआ। आई.पी.एस. की ट्रेनिंग पूरी करके वह गुजरात के बड़ौदा जिला में जिला ट्रेनिंग के लिए ए.एस.पी. के रूप में पदस्थापित हुआ। जिला में योगदान देने के बाद वह आरक्षी अधीक्षक की अनुमति प्राप्त कर डी.आई. जी. से मिलने उनके कार्य-कक्ष में उपस्थित हुआ। नौजवान, शानदार सेहत, चेहरे पर झिलमिलाती विद्धत्ता एवं आत्म-विश्वास की अमित भाषा, आभा और उस पर आई.पी.एस. का बिल्ला लगी सुमर्यादित पुलिस वर्दी। डी.आई.जी. वापट ने उसे शाम को खाने पर बुलाया। उन दिनों यह परिपाटी या प्रचलन था कि वरीय अधिकारियों को चाय, खाना आदि पर बुलाते रहते थे। वह उनकी ट्रेनिंग का एक अंग माना जाता था। आजकल यह प्रथा विलुप्त होती जा रही है। नये लड़के अब तो वरीय अधिकारियों से मिलते तक नहीं। शायद इसीलिए वे अपने कार्यक्षेत्र में उतने सफल नहीं हो पाते जितनी कि उनसे अपेक्षा होती है। किताबी-ज्ञान दिमाग की खुराक है

परंतु अधिकारियों के साथ रहकर अर्जित किया गया अनुभवनज्य ज्ञान सफल जीवन-यात्रा का पाथेय है; भविष्य का पथ-प्रदर्शक है।

सुरंजित जब शाम को डी.आई.जी. वापट के निवास पर पहुँचा तब प्रवेश-द्वार पर उसका स्वागत उनकी लाड़ली गौरी ने किया। उसकी सुंदर, आकर्षक, सुडौल देहयष्टि और चमकती चंचल आँखों का सम्मोहक प्रभाव सुरंजित के मन-प्राणों पर सावनी घटा-सा छा गया। ड्राइंग रूम में वापट और उनकी पत्नी ने उसका स्वागत किया। जिला के डी.एम. और एस.पी. भी आमंत्रित थे। वे कुछ विलंब से आये। इसलिए डी.आई.जी. के परिजनों से सुरंजित को घुलने-मिलने का भरपूर अवसर मिल गया। किसी अजनबी जगह पर यदि घर का आत्मीय माहौल मिल जाए तो फिर और क्या चाहिए। सुरंजित कुछ समय तक संकोच-सीमा में आबद्ध रहा। परंतु वापट की पत्नी के उन्मुक्त ममत्व ने उसे शीघ्र ही संकोच और शर्म के दायरे से खींच कर अपने परिवार का एक सहज सदस्य बना लिया।

सुरंजित बालपन में ही माँ के स्नेहांचल से वंचित हो गया था। निरंजित उसका बड़ा भाई था। पिता ने ही दोनों की देखभाल की। निरंजित बी.ए. करने के बाद मिडिल स्कूल में शिक्षक बन गया।

जिला-ट्रेनिंग के क्रम में सुरंजित ने अनुभव किया कि लोक-दृष्टि में जिलाधिकारी की स्थिति आरक्षी अधीक्षक से अपेक्षाकृत अधिक सम्मान्य है। जहाँ कहीं भी वह किसी कार्यक्रम में एस.पी. के साथ जाता वहाँ उसे डी.एम. का वर्चस्व सर्वोपरि प्रतीत होता। उसे लोग जिला का मालिक मानते और उसे ही अपना सुख-दुःख सुनाते। डी.एम. प्रत्येक विभाग के अधिकारियों का नियंत्रक और नियामक माना जाता। सर्वत्र उसका ही दबदबा होता था। सुरंजित ने सिविल सर्विसेज की परीक्षा का फार्म भर दिया। ट्रेनिंग के साथ-साथ वह अपना अध्ययन-क्रम भी अक्षुण्ण रखता। अवश्य ही, सायंकाल वह किसी न किसी बहाने गौरी से मिलने के लिए उसके घर जाता। वह भी उसकी प्रतीक्षा करती। उनका यह मेल-जोल डी.आईजी. दंपत्ति को भी प्रिय था। एक दिन वापट से उनकी पत्नी ने गौरी और सुरंजित की शादी की बात चला दी। वापट को भला क्यों ऐतराज होता! आई.पी.एस. लड़का मिल रहा था। गौरी की माँ ने सुरंजित के सामने विवाह का प्रस्ताव रखा। गौरी जैसी सुंदर, सुशील और सुशिक्षिता लड़की को कौन नहीं अंगीकार करता। सुरंजित ने सहर्ष प्रस्ताव स्वीकार कर लिया।

सुरंजित ने सिविल सर्विसेज की परीक्षा दी और सफल हुआ। उसे बिहार संवर्ग मिला। गौरी के माता-पिता ने सुरंजित के समक्ष शीघ्र शादी कर लेने का प्रस्ताव रखा। सुरंजित को कोई आपत्ति नहीं थी परंतु उसने गौरी के माता-पिता को सूचित किया कि मसूरी और जिला की ट्रेनिंग में करीब एक डेढ़ साल का समय लग जाएगा। अतः अच्छा होगा कि प्रशिक्षण की पूर्णता के बाद ही शादी हो, जिससे वह गौरी

को साथ रख सके। सुरंजित आत्म-विश्वासी और वामपंथी विचारधारा का आग्रही नवयुवक है। उसे यह कतई सह्य नहीं था कि उसकी पत्नी अपने माँ-बाप के साथ रहे; उनका उपकार ले। गौरी की माँ ने सुरंजित को समझाते हुए स्नेहिल स्वर में कहा, "बेटा! शादी कर लो। जब तक प्रशिक्षण चलेगा, गौरी हमारे साथ रहेगी। प्रशिक्षण के बाद तुम्हारे पास चली जाएगी। इसमें किसी प्रकार के अहसान की बात कहाँ है! गौरी तुम्हारी पत्नी होने के साथ हमरी बेटी भी तो रहेगी।"

"नहीं, माँ जी नहीं, यह मेरे उसूलों के खिलाफ है कि मेरी पत्नी आप पर बोझ बनी रहे। ट्रेनिंग पूरी करने के बाद ही मैं शादी करूँगा।" सुरंजित ने जोर देकर अपनी बात पूरी की। और आगे कहा, "माँ जी, आप चिंता नहीं कीजिए, गौरी अब मेरी है। शादी के पूर्व वह आपकी बेटी, केवल बेटी रहेगी और शादी के बाद वह मेरी पत्नी के साथ-साथ आपकी बेटी भी रहेगी।"

"यह तो ठीक है बेटा, परंतु अब पूरे समाज में यह बात फैल चुकी है कि गौरी की मँगनी तुम्हारे साथ हो गई है।"

सुरंजित ने माँ की बात पूरी होने के पहले ही कहा, "माँ जी, मैं खूब समझता हूँ कि आप क्या कहना चाह रही हैं। मैंने गौरी को पसंद किया है। मँगनी भी हो गई है। वह भी मुझे चाहती है। यह सत्य अब प्रथम मुलाकात का प्यार भर नहीं रहा। ट्रेनिंग पूरी होते ही मैं शादी के लिए आपके पास प्रस्ताव रखूँगा। गौरी से पत्राचार तो चलता ही रहेगा।"

गौरी के पिता वापट ने बीच में हस्तक्षेप किया, "सुरंजित ठीक ही तो कह रहा है। प्रशिक्षण के दौरान गौरी को लेकर कहाँ-कहाँ घूमता रहेगा। प्रशिक्षण के बाद शादी कर देंगे। डेढ़-दो साल का भी कोई समय होता है। इसी बीच गौरी भी अपना आर्किटेक्ट का कोर्स पूरा कर लेगी।"

बात वहीं ठहर गई। सुरंजित प्रशिक्षण के लिए मसूरी चला गया। प्रशिक्षण के दौरान प्रायः हर सप्ताह गौरी का पत्र आता और सुरंजित भी गौरी को नियमित पत्र भेजता। प्रेम-पत्र। प्यार-पत्र। भावी जीवन-संगिनी का पत्र।

गौरी ने एक पत्र के माध्यम से सूचित किया कि गत सप्ताह का पत्र उसे नहीं मिला। उसने भेजा ही नहीं या रास्ते में किसी ने रोक लिया। उसने यह भी लिखा कि उसके हॉस्टल में कुछ ऐसी लड़कियाँ भी हैं, जिन्हें दूसरों के पत्र पढ़ने में रस मिलता है। हो सकता है, उन्होंने ही पत्र मार लिया हो।

सुरंजित सतर्क हो गया। गौरी का शक उसे सोलहों आना सच मालूम पड़ा। अब वह पत्र पर पता तो टाइप करवा लेता था या अपने किसी मित्र से लिखा लेता था। उसे मालूम था उसकी लिखावट की पहचान लड़कियों ने कर ली होगी। बात सही भी थी।

कहने को तो सुरंजित प्रशिक्षण के नाम पर शादी को टाल गया परंतु उसका

दिल गौरी के पास छूट गया था। पढ़ने में, ट्रेनिंग में मन कम रमता। उसे पत्र की आकुल प्रतीक्षा रहती। एकाध दिन का विलंब भी उसे उन्मन और अशांत कर जाता। लगता कि कुछ खो गया है। वास्तव में उसका दिल-दिमाग दोनों खो गया था। कभी-कभी सोचता कि माँ की बात मानकर शादी कर ली होती तो कितना अच्छा होता। सतत् गौरी के साथ रहता।

दिन जाते देर नहीं लगती। प्रशिक्षण समाप्त हुआ। सुरंजित का पदस्थापन औरंगाबाद में अनुमंडल पदाधिकारी के पद पर हो गया। बड़ा-सा बँगला, नौकर-चाकर, माली, जीप, गाड़ी आदि सब कुछ। सुरंजित का प्रशिक्षण समाप्त होते ही गौरी की माँ सोचने लगी थी कि सुरंजित शीघ्र ही चिरकांक्षित प्रस्ताव भेजेगा। वह हर शाम पति से पूछती थी कि सुरंजित का काई पत्र आया क्या? 'नहीं' शब्द सुनकर वह चिंचित हो उठती। मन में आशंका उठने लगती। कहीं वह किसी और लड़की से तो ......। नहीं नहीं वह ऐसा नहीं कर सकता है। वह अच्छा और सुशील है। बात का भी पक्का है। फिर भी मन में आता....। कम्पटीशन में आजकल बहुत-सी लड़कियाँ आने लगी हैं। सुना है कि अधिकांश लड़के-लड़कियाँ आपस में शादी कर लेते हैं। परंतु सुरंजित ऐसा नहीं कर सकता। गौरी उसे बताती रहती थी कि सुरंजित हर सप्ताह पत्र भेजता है। वह उसे बेहद चाहने लगा है। कभी-कभी कहती माँ अच्छा हुआ जो तुरंत शादी नहीं हुई। प्रतीक्षा में प्रेम की प्रगाढ़ता परवान चढ़ती है। यह सब सुनकर गौरी की माँ उल्लसित हो उठती थी परंतु प्रशिक्षण पूरा होने के एक माह बाद तक जब सुरंजित का कोई पत्र नहीं मिला तब वह सशंकित होने लगी। माँ का मन होता ही ऐसा ही है।

गौरी के पिता वापट ने कार्यालय से घर आते ही पत्नी को सूचित किया कि सुरंजित का पत्र आया है। वह अगले महीने आ रहा हैं गौरी की माँ की प्रसन्नता आकाश छूने लगी। उसने आतुर स्वर में पूछा, "पत्र कहाँ है? और क्या लिखा है सुरंजित ने।" "लो स्वयं पढ़ लो" कहते हुए गौरी के पिता ने वह पत्र बढ़ा दिया जिसमें लिखा था–

"पिताजी, माताजी! चरण-स्पर्श। प्रशिक्षण पूरा होने के बाद एक माह विलंब से मेरा पदस्थापन एस.डी.ओ. औरंगाबाद के रूप में हुआ। इसलिए पत्र लिखने में विलंब हुआ। क्षमा करेंगे। जगह अच्छी है। सभी सुविधाएँ हैं। अगले माह में मैं आ रहा हूँ। शादी की तिथि, यदि आप लोग लग्नादि पर विश्वास करते हों, तो निश्चित कर लीजिएगा। वैसे मैं इन पुरानी मान्यताओं को ढोंग और ब्राह्मणों की कमाई का जरिया मानता हूँ। मेरे साथ कुल पाँच आदमी, जो मेरे अभिन्न हैं, रहेंगे। उनमें एक तो मेरे बड़े भाई हैं, जो स्कूल में टीचर हैं। तिथि निश्चित करके सूचना दीजिएगा। मैं उसी के अनुसार आ जाऊँगा।"

पत्र पढ़कर गौरी की माँ को आत्मिक संतुष्टि मिली। वह रात-भर गौरी की

शादी, सुरंजित के साथ भविष्य के जीवन, नाती-नतिनी के इन्द्रधनुषी स्वप्न-लोक में विचरती रही। हर्ष और विषाद मिश्रित स्वप्न देखते-देखते रात बीत गई। सुबह होते ही उसने ज्योतिषी को बुलवाया। पंडित ने ग्रह-दशा का गणित करने के बाद इसे उत्तम शादी की संज्ञा दी। विवाह की शुभ तिथि और मुहूर्त निकाली गई।

निश्चित तिथि को सुरंजित सबन्धु-बान्धव बड़ौदा पहुँचा। डी.आई.जी. वापट ने उनके विश्राम, भोजन आदि का प्रबंध सरकिट हाउस में कर रखा था परंतु सुरंजित ने स्टेशन से सीधे होटल जाने की तैयारी शुरू कर दी। स्टेशन पर उसको लेने आये पुलिस अधिकारी से उसने कहा, ''वापट जी को धन्यवाद कहिएगा। मैं शादी के लिए आया हूँ। मैं उन पर बोझ नहीं बनना चाहता।'' पुलिस अधिकारी ने सुरंजित को होटल में पहुँचाया। उसके बाद सरकिट हाउस गया, जहाँ पर, वापट साहब सपत्नीक बाट जोह रहे थे। गाड़ी खाली देखकर उन्होंने पुलिस अधिकारी से पूछा, ''क्या हुआ, सुरंजित नहीं आया क्या?''

''आए सर, परंतु वे आशीर्वाद होटल चले गए। वहीं पर रुके हैं। उन्होंने कहा है कि वे आप से बात कर लेंगे।'' पुलिस अधिकारी ने कहा।

''दिमाग खराब है उसका। उसके ठहरने का इंतजाम मैंने यहाँ सरकिट हाउस में किया है और वह होटल में...।'' सुरंजित के इस आचरण पर वापट साहब का क्रोध आना स्वाभाविक था। परंतु उन्होंने अपने मनोभाव को प्रत्यक्ष नहीं होने दिया। उनकी पत्नी ने कहा, ''दिमाग उसका नहीं आपका खराब है। मैं कह रही थी कि चलिए स्टेशन पर रिसीव कर लें। पर आपको तो डी.आई.जी. का पद ही दिखाई देता है। आप बेटी की शादी कर रहे हैं या किसी एस.पी. के ऑफिस का निरीक्षण। मैंने पहले भी देखा है, वह खुद्दार है, स्वाभिमानी है। अब वह पुलिस में नहीं है। आई.ए.एस. हो गया है। चलिए हम लोग होटल में ही उससे मिल लेते हैं।''

इसी बीच स्वागतक ने कहा, ''सर, आपका फोन है। कोई सुरंजित साहब बात करेंगे।''

वापट ने टेलीफोन लिया। 'हलो' कहते ही उधर से आवाज आई। ''पिता जी को चरण स्पर्श। क्षमा कीजिएगा, हम लोग होटल में ठहर गये हैं। सोचा कि सरकिट हाउस सरकारी अधिकारियों के सरकारी प्रयोजनों के लिए होता है। वहाँ पर ठहरना आपके पद का दुरुपयोग करना होगा।''

''...क्या कहते हो सुरंजित। हम लोग यहाँ पर तुम लोगों के स्वागत के लिए बैठे हैं और तुम रुक गये हो होटल में। खैर, मैं आ रहा हूँ। तुम पद के दुरुपयोग की बात करते हो। तुम्हारे मित्र मेरे मेहमान हैं, बेटा।''

''वह सब ठीक है पिता जी। मुझे पता है, आप मुझे कितना प्यार करते हैं। मैं बारात लेकर आया हूँ। शादी के समय का सत्कार सब आपका होगा। बारातियों का स्वागत अपने घर पर मनचाहे ढंग से कीजिएगा परंतु अभी तो अपने मित्रों की

देखभाल का दायित्व मेरा है।"

"ठीक है, तुम जैसा उचित समझो। लो गौरी की माँ से बात करो।"

"माँ जी, चरण स्पर्श।" सुरंजित की आवाज थी टेलीफोन पर। माँ ने आशीर्वाद दिया और बोली, "मैं वहीं आ रही हूँ बेटा। शादी तक तुम और तुम्हारे साथी मेरे मेहमान हैं। शादी के बाद तुम्हारी इच्छा चलेगी। तुम जहाँ ठहरे हो वहीं रहोगे परंतु इंतजाम मेरा रहेगा।" टेलीफोन रखकर वह अपने पति के साथ होटल के लिए चल पड़ी।

डी.आई.जी. की गाड़ी देखकर ही होटल में आपाधापी मच गई। मैनेजर भागकर आया। स्वागत किया और उन्हें सुरंजित के कमरे तक ले गया।

सुरंजित ने चरण-स्पर्श कर गौरी के माता-पिता के आशीर्वाद लिये और अपने मित्रों से उनका परिचय कराया। वापट ने शादी का विवरण प्रस्तुत किया। शादी हिंदू-पद्धति से सम्पन्न हुई। दूसरे दिन विदाई हुई। सुरंजित ने कुछ भी लेने से साफ-साफ इनकार कर दिया। वह दहेज प्रथा और बहुत से हिंदू रीति-रिवाजों का विरोध कॉलेज के दिनों से ही करता रहा है। अब वह उन सिद्धांतों को अपने जीवन में चरितार्थ करना चाहता है। वापट के मित्रों, रिश्तेदारों और अधिकारियों ने सुरंजित के प्रगतिशील विचारों की सराहना की। गौरी के भाग्य को सराहा, जिसे इतना आदर्श युवक पति-रूप में मिला है।

लीक से हटकर चलना सदुष्कर कार्य है परंतु जो अपनी राह स्वयं बनाते हैं, वही स्मरणीय होते हैं। सुरंजित अपने इस स्वभाव के कारण सदैव एक वर्गविशेष की आलोचना का लक्ष्य रहा है। औरंगाबाद में उसने भूमि सुधार, गरीबी उन्मूलन, विकास-विरोधी सामाजिक रूढ़ियों के ध्वंसन का संकल्प-सा ले लिया। अहर्निश उसी महत् कार्य के संपादन में लगा रहता। सारा दिन क्षेत्र में रहता। गौरी को अकेलापन महसूस होता पर करती क्या। एक शाम उसने सुरंजित से कहा, "मैं अकेली, इतने बड़े बँगले में बोर हो जाती हूँ। कहो तो मैं भी तुम्हारे साथ दौरे पर चला करूँ।"

"नहीं गौरी, तुमको कष्ट सहने की आवश्यकता नहीं है। घर में रहकर पढ़ो, लिखो। मन लग जाएगा।" सुरंजित ने पत्नी को आलिंगनबद्ध करते हुए समझाया।

"लेकिन हमारे ग्रंथों में तो यह लिखा है कि कैकेयी अपने पति राजा दशरथ के साथ युद्ध-भूमि में भी रहती थी। सीता भी राम के साथ बनवास में रही। लोकोक्ति भी है कि पति का संग-साथ ही पत्नी का सर्वोपरि धर्म और सुख है।"

सुरंजित ने कहा, "गौरी न तो तुम कैकेयी हो और न मैं राजा दशरथ। इसलिए यह दृष्टांत हम पर लागू नहीं होता। फिर उर्मिला को क्यों भूल जाती हो। वह कहाँ लक्ष्मण के पीछे-पीछे लगी रही। मैं तुमको सीता नहीं गौरी ही बनाये रखना चाहता हूँ।"

"मैं आपसे पूर्ण सहमत हूँ परंतु गौरी भी तो बिना शंकर के अधूरी है। वह

भी सदैव शंकर के साथ रहती थी—इसलिए तो गौरी-शंकर।''

''लेकिन गौरी, मैं तो शंकर बनने से रहा। छोड़ो इन बातों को। चलो खाना खाते हैं। आज बड़ी भूख लगी है।'' कहकर सुरंजित गौरी का हाथ अपने हाथ में लेकर खाने की मेज की ओर बढ़ गया।

गौरी के माता-पिता या यों कहें कि परिवार के सभी लोग पांडिचेरी स्थित अरविंद आश्रम की माँ के भक्त हैं। वे वर्ष में एक बार पांडिचेरी अवश्य जाते, आश्रम में रहते आश्रम के कार्य-कलापों में सक्रिय योगदान करते। इससे उनको आत्मिक सुख-शांति मिलती। परिवार को सुखी रखने का आत्म-बल उन्नीत होता। देवी-देवताओं और ईश्वर के विविध अवतार-रूपों में विश्वास करने से आंतरिक ऊर्जा का विकास होता है। कठिनाइयों, कष्टों और प्रतिकूलताओं को सहन करने की शक्ति मिलती है। मिलती नहीं, अपितु आदमी में सहन-शक्ति, आत्म-शक्ति और आत्म-विश्वास का अधिवास रहता ही है। दैवी शक्तियों पर विश्वासरत मनुष्य इन सुषुप्त अंतःशक्तियों को ऊर्जास्वित करता है। वापट-परिवार की अरविंद-आश्रम में अटूट भक्ति है। इसका प्रभाव गौरी पर भी था। वह भी माँ की भक्त हो गई थी।

सुरंजित और गौरी के अतिरिक्त घर में और कोई नहीं था। दोनों एक-दूसरे से बातें करते। परंतु यह क्रम कब तक चलता। धीरे-धीरे वे वास्तविक दुनिया में आने लगे। सुरंजित को कभी-कभार परेशान देखकर गौरी उसे हिम्मत बँधाती और माँ के उपदेश सुनाती। सुरंजित की परेशानी का कारण गाँवों में व्याप्त गरीबी, शोषण और अत्याचार होते । वह इन सामाजिक दूषणों के निर्मूलन का प्रयास करता परंतु गाँव की सामंती प्रथा, रूढ़ियाँ और दकियानूसी विचार उसे सफल नहीं होने देते। शासन-तंत्र भी शोषकों को ही संरक्षण देता। इससे उसे मानसिक क्लेश होता। कभी-कभी उसे नितांत एकाकीपन अनुभूत होता। उसकी मानसिक परेशानी को गौरी बाँटने का प्रयास तो करती, परंतु दोनों की सामाजिक पृष्ठभूमियाँ अलग-अलग होने से उन्हें समान वैचारिक धरातल पर आने में असुविधा होती। कभी-कभी सुरंजित गौरी की बातों का अन्यथा अर्थ ले लेता और कहता, ''गरीबी क्या होती है, शोषण क्या होता है, तुम क्या जानो। गुजरात की और बिहार की सामाजिक सोच और स्थिति में अपाट्य अंतर है।''

बिना किसी प्रत्युत्तर के गौरी उसकी बातों का समर्थन कर देती। परंतु उसे विश्वास था कि मानसिक दुःख-दर्द की समुचित चिकित्सा अध्यात्म-दर्शन से ही संभव है। सुरंजित को इसमें विश्वास नहीं था। लोग उसे मार्क्सिस्ट कहने लगे थे। अपने क्रिया-कलापों और प्रतिक्रियाओं के कारण कभी-कभी अधिकारियों से भी उसकी अनबन हो जाती। उसके मन में यह बात घर कर गई थी कि अधिकारी वर्ग भी सामंती व्यवस्था के ही अंग-उपांग हैं।

औरंगाबाद में एक वर्ष भी नहीं हुआ था कि एक दिन अकस्मात् उसका

स्थानांतरण पटना सचिवालय में अवर सचिव के पद पर हो गया। दावाग्नि की भाँति शहर में चर्चा फैल गई कि विधायक चंद्रपाल सिंह ने उसका स्थानांतरण करा दिया। भूमि-सुधार की योजना अधर में अटक गई।

सुरंजित पटना आया। सरकिट हाउस में उसे एक सूट मिल गया। पीछे के बरामदे में उसने किचन बना लिया। कहाँ सबडिवीजन का बड़ा-सा बँगला और कहाँ सरकिट हाउस का एक कक्षीय सूट। सुरंजित ने अपना सामान एक मित्र के गराज में रखवा दिया। सचिवालय में भी एक छोटा-सा कमरा कार्य-कक्ष के रूप में मिला। काम अधिक और सुविधा कम। कभी-कभी ऐसी स्थिति हर आदमी के जीवन में आनी ही चाहिए जिससे वह अपनी परिधि से परिचित रहे। प्रभुता किसी को भी मद के महोदधि में डुबो सकती है।

उन दिनों अवर सचिव क्या अपर सचिव तक को भी गाड़ी की सुविधा नहीं थी। सुरंजित रोजाना पैदल कार्यालय जाता। गौरी स्वयं खाना बनाती। नौकर-चाकर सचिवालय में नहीं मिलते। मात्र एक चपरासी मिलता है, जो आवश्यकतानुसार कार्यालय की संचिकाएँ घर तक पहुँचा देता है और फिर उन्हें कार्यालय ले जाता है। गौरी को कोई विशेष कठिनाई नहीं होती थी क्योंकि अरविंद आश्रम की माँ की यह सीख उसने हृदयंगम कर ली थी कि अपना काम स्वयं करना चाहिए। फिर पति को स्वयं खाना बनाकर खिलाना और पति को संतुष्ट रखना हर पत्नी की इच्छा होती है। वह लंच-बाक्स के साथ प्रतिदिन एक बजे सचिवालय आ जाती और दोनों साथ-साथ खाना खाते।

सरकिट हाउस में कोई काम नहीं रहता। दोनों बैठ-बैठे बातें करते। गौरी एक आर्किटेक्ट है। इस विषय पर कोई दिलचस्प बात नहीं हो सकती। अतः वह आध्यात्मिक प्रसंग छेड़ देती। अरविंद आश्रम की माँ का गुणगान करती। सुरंजित को धर्म से चिढ़ थी। धार्मिक बातों से उसका मन बौखला-सा जाता। पति-पत्नी के बीच धर्म को लेकर दरार-सी पड़ने लगी।

सुरंजित की परेशानी घर से कार्यालय में भी पहुँचने लगी। वह अपने मित्रों से अपने घर की परेशानी का जिक्र करता। उसके मित्र परामर्श देते कि पति-पत्नी के संबंध को पारस्परिक सामंजस्य और विश्वास बलिष्ठ बनाते हैं। वह अरविंद आश्रम की 'माँ' की बात करती है, तुम रवींद्र की बात करो, मार्क्स की बात करो। कुछ तुम सुनो, कुछ वह सुने। परंतु मित्रों की सलाह का उस पर विशेष प्रभाव नहीं पड़ा। दोनों में दुराव उत्तरोत्तर दृढ़तर होता गया। स्थिति यहाँ तक बिगड़ी कि एक दिन उसने पत्नी को कमरे में बलात् बंद कर दिया और बाहर से ताला जड़कर सचिवालय चला गया। गौरी ने पटना के डी.एम. को फोन पर सारी बातें बताईं। पुलिस ने आकर उसे बाहर निकाला और सुरंजित को भी इसकी सूचना दे दी गई।

दोनों के लिए अब एक साथ रहना कठिन हो गया। गौरी ने सोचा कि अपनी

ऐसी स्थिति के लिए वह स्वयं जिम्मेवार है। अपने माता-पिता को क्या कहे। एक दिन उसने अपनी माँ को फोन पर सारी स्थिति की जानकारी दे दी। उसने कहा कि सुरंजित सामंजस्य या समन्वय की बात नहीं करता। कभी-कभी तो घर पर आता भी नहीं। लगता है, मैं ही जोगिन बनकर दुनियादारी त्याग दूँ। मैं स्वयं आपके पास आ रही हूँ।

गौरी अपनी माँ के पास चली गई। सुरंजित को उसके मित्रों ने खूब समझाया। गौरी सुशील, शिक्षित और सामंजस्य में विश्वास करने वाली औरत है। तुम भी अपनी जिद छोड़ो। जाकर उसे लाओ और सुखी जीवन बिताओ। कुछ सुनो, कुछ सुनाओ की आदत डालो। सुरंजित पर मित्रों की इस सलाह का कुछ प्रभाव पड़ा। उसने टेलीफोन पर गौरी से क्षमा माँगी और अनुरोध किया कि वह वापस आ जाए या कहे तो वह स्वयं आकर ले आये। गौरी ने माँ की सलाह ली। माँ ने आशीर्वाद दिया कि वह सुखी रहे और सुरंजित का प्रायश्चित उनके जीवन को सुख-शांति से सजा दे।

गौरी वापस पटना आ गई। दोनों सुखी जीवन की राह ढूँढ़ रहे थे। सरकिट हाउस के एकाकी जीवन से ऊबकर गौरी ने एक दिन कहा, ''सुरंजित, मैं बेकार बैठी रहती हूँ, कहो तो किसी आर्किटेक्ट के साथ कुछ काम करूँ। समय भी कट जाएगा और कुछ आय भी होती रहेगी।'' सुरंजित को यह अच्छा नहीं लगा। उसे लगा कि गौरी उसकी आय से संतुष्ट नहीं है। उसे धन की भूख है। उसने कहा, ''मेरे साथ रहकर यह संभव नहीं है। यदि तुम्हें पैसों की इतनी ही आवश्यकता है तो तुम यहाँ आईं ही क्यों? तुम बड़ौदा में ही पैसे कमातीं।'' गौरी सुरंजित की ऐसी प्रतिक्रिया के लिए तैयार नहीं थी। उसे विश्वास ही नहीं हुआ कि सुरंजित ऐसी भी बात कर सकता है। उसने विनम्र भाव से कहा, ''मेरा ऐसा कोई विचार नहीं है। मैं तो आपसे केवल सलाह ले रही थी।'' मुझे मालूम है कि तुम्हारे पिता बहुत पैसे वाले हैं। तुम मुझे चिढ़ाने के लिए ही ऐसा प्रस्ताव करती हो।'' सुरंजित ने एक और प्रतिक्रिया सुना दी। गौरी ने चुप रहना ही अच्छा समझा। यही उचित भी था। परंतु कब तक? बात-बात में एक दिन गौरी ने पांडिचेरी आश्रम की माँ की बात उठा दी। सुरंजित को अच्छा नहीं लगा। उसने कहा कि ये आश्रम, मंदिर, महल गरीबों के शोषण का प्रतिफल कहते हो। वहाँ ऐसा नहीं है।'' ''तुम तो आश्रम की वकालत करोगी ही। तुम्हें क्या पता कि गरीबी क्या होती है। गरीब मजदूर का शोषण क्या होता है। बड़े बाप की बेटी हो ना।'' सुरंजित ने अपने मन की बात उगल दी।

गौरी कुछ देर के लिए अवाक् हो गई। फिर उसने कहा, ''सुरंजित, मैं किसी की भी बेटी रही हूँगी पर अब मैं एक आई.ए.एस. अधिकारी की पत्नी हूँ। मैं तुम्हारी पत्नी हूँ। मैं अपना दायरा जानती हूँ।'' बात बढ़ती गई। सुरंजित ने गुस्से में आकर गौरी को एक चपत लगा दी। गौरी का भी आत्म-सम्मान जग गया। उसने कहा,

"बस सुरंजित। बहुत हो गया। मैं यहाँ मार सहने के लिए, वह भी बिना किसी गलती के, नहीं आई हूँ। मैंने तो सोचा था कि तुम बदल गए हो। पर...।"

"पर क्या? यदि तुम्हें मेरा साथ पसंद नहीं है तो तुम जा सकती हो। मैं तुमसे आश्रम-धर्म आदि सुनते-सुनते तंग आ गया हूँ।" क्रोध में वह अपना विवेक खो चुका था।

दूसरे दिन गौरी सरकिट हाउस छोड़ कर चली गई। कहाँ गई कोई पता नहीं। उसने न तो कोई पत्र छोड़ा और न ही कहीं से कोई सूचना दी। रात तक जब गौरी नहीं आई तब सुरंजित चिंतित हुआ। उसने गौरी का पता करने के लिए कई स्थानों पर फोन किया। परंतु वह कहीं भी नहीं थी। उसने अपने ससुर श्री वापट को बड़ौदा फोन किया कि गौरी बिना किसी सूचना के घर से चली गई है। वहाँ पहुँचने पर सूचित कर दीजिएगा शायद वह वहीं चली गई है। परंतु दो दिन बाद फोन आया। वह वहाँ पर भी नहीं पहुँची। गौरी के माता-पिता भी चिंतित हो गए। सुरंजित को अपनी गलती का अहसास हुआ, पर बेकार।

दो सप्ताह बीत गये। सुरंजित ने पुलिस को खबर कर दी। परंतु वहाँ से भी कोई मदद नहीं मिली। वह परेशान-सा रहने लगा। एक दिन एक पत्र मिला। पत्र वापट का था। सुरंजित के ससुर का।

"प्रिय सुरंजित, गौरी का पत्र आया हैं वह पांडिचेरी चली गई है। माँ के आश्रम में रह रही है। मैंने सोचा कि तुम्हें भी सूचित कर दूँ। तुम दोनों के बिगड़ते संबंध से हम लोगों को बड़ी तकलीफ हुई है। पर जो होना होता है वह होता ही है। लगता है वह अब लौट कर नहीं आएगी। वह एक समझदार औरत के साथ-साथ स्वाभिमानिनी भी है। हम लोग तो तुम दोनों के सुखी जीवन की ही कामना करेंगे।" पत्र में और भी बहुत कुछ था।

सुरंजित के लिए समय काटना कठिन होने लगा। वह कार्यालय में भी अजीब-सा व्यवहार करता। सतत् खोया-खोया रहता। यद्यपि अपने बैचमेट से कहता कि वह गौरी के लिए चिंतित नहीं है परंतु उसे हाव-भाव से स्पष्ट था कि गौरी के बिना वह स्वयं को अधूरा अनुभव करता है। एक मित्र ने समझाया कि जो हुआ सो हुआ। गलती तुम्हारी ही है। तुम गौरी को पत्र लिखो। गलतियों पर पश्चात्ताप करो। शायद वह एक अवसर फिर दे, आपसी संबंध सुधारने का। नये सिरे से दांपत्य जीवन शुरू करने का; सुरंजित अपने मित्र की बात से प्रभावित हुआ और गौरी को पत्र लिख दिया।

गौरी भी सुरंजित को अभी तक भुला नहीं पाई थी। यद्यपि उसने पत्र में लिखा था कि वह पांडिचेरी में संतुष्ट है। ओरविला गाँव में बन रहे मकानों का डिजायन बनाती है। एक वरीय आर्किटेक्ट के साथ काम करती है। आश्रम की ओर से रहने-खाने आदि का प्रबंध हो गया है। फिर भी तुम आ जाओ। यहीं माँ के चरणों में बैठकर

हम लोग नई जिंदगी के संबंध में विचार-विमर्श करेंगे।

सुरंजित पांडिचेरी जाने के लिए तैयार हो गया। एक सप्ताह बाद पांडिचेरी पहुँचा। गौरी ओरविला कैंप में उसकी प्रतीक्षा कर रही थी। गाँव में ही सुरंजित के रहने का प्रबंध कर दिया था। दोनों ने भविष्य के संबंध में विस्तृत बातें कीं। अपनी-अपनी गलतियों को मानकर एक-दूसरे को क्षमा करने का संकल्प लिया। परंतु गौरी ने कहा, "सुरंजित, मैं तुम्हे चाहती थी इसीलिए शादी की। आज भी चाहती हूँ। तुम्हारे साथ ही जीवन-यापन करना चाहती हूँ। शायद तुम भी यही चाहते हो।" सुरंजित ने पूर्ण सहमति व्यक्त की और अनुरोध किया, "चलो गौरी, हम लोग अपने घर लौट चलें। मैं अपने व्यवहार से बहुत दुःखी हूँ।"

"ठीक है। अब तुम आराम करो। कल सुबह हम लोग निश्चय करेंगे कि पटना कब और कैसे वापस हों।" गौरी ने आश्वस्त करते हुए कहा।

सुबह दोनों नाश्ते पर मिले। साथ-साथ नाश्ता किया। सुरंजित ने ही पहल की, "गौरी, अब मैं घरेलू मामलों में तुम्हारी सलाह से ही काम करूँगा। बताओ अब क्या करना है।" गौरी ने नाश्ता समाप्त करते हुए कहा, "हम दोनों ने कल शाम जैसा निर्णय लिया था, मैं वैसा ही करना चाहती थी परंतु 'माँ' ने स्वप्न में मुझे निर्देश दिया है कि मैं अब आश्रम में ही रहकर अपना जीवन बिताऊँ। सुरंजित जी, मुझे आप पर पूरा विश्वास है और आपके साथ जीवन बिताना भी चाहती थी पर माँ का आशीर्वाद सर्वोपरि है। मैं अब आपका साथ नहीं दे सकूँगी। मेरी सलाह है कि आप किसी और को अपनी जीवन-संगिनी बना लें। शादी कर लें।"

वह उठी। सुरंजित का चरण-स्पर्श किया और विला कैंप जाने से पूर्व कहा, "आपका भावी जीवन सुखमय हो।"

आत्मशोधन

वह सिसक-सिसककर रो रही थी। आँखें रक्ताभ हो आई थीं। अविरल अश्रुपात से नेत्रों में सूजन आ गई थी और वे छोटी हो गई थीं। रोते हुए वह अपने भाग्य को कोसती भी जा रही थी। रह-रहकर भगवान को दो-चार अपशब्द कह देती थी। ''मेरे साथ वह कुकर्म क्यों किया गया? अब मैं समाज में कौन-सा मुँह लेकर जीवित रहूँ। सुना है, द्रौपदी की लाज रखने के लिए तुम नंगे पाँव दौड़ पड़े थे। पर मेरी लाज लुटती रही और तुम मूक दर्शक बने रहे। ऐसा क्यों? क्या केवल इसलिए कि मैं किसी राजघराने या बड़े घर की बहू-बेटी नहीं हूँ। मैं अधन, असहाय और अकिंचन् हूँ। इसीलिए तुमने मेरी सहायता नहीं की, मेरी चीख नहीं सुनी। अरे! यदि मैं बड़े घर की होती तब किसकी हिम्मत थी जो मुझको मैली नजरों से देखता। अब मैं यह मानने को विवश हूँ कि गरीबों के लिए ईश्वर का अस्तित्व नहीं है।''

''ए भुखली, चलो तुमको मुखिया जी ने बुलाया है। सुना है कि तुमने मंदिर से भगवान के कपड़े चुराये हैं।'' मुखिया के गुंडा लठैत गिरधारी ने निकट आकर उसको डाँटते हुए कठोर स्वर में कहा। उसने देखा कि भुखली कुछ बड़बड़ाए जा रही है और उसने उसकी गर्जना पर कोई ध्यान नहीं दिया।

''ए भुखली! किसको गाली दे रही हो और क्या बड़बड़ा रही हो। सुना नहीं। मैंने तुमसे दो बार कहा है मुखिया जी तुम्हें बुला रहे हैं।''

भूखली ने अश्रु-स्नात अपनी लाल आँखों को ऊपर उठाया। तब गिरधारी को ऐसा लगा मानो भुखली की आँखों में क्षाराच्छादित अंगारे प्रज्वलित हैं। इन अंगारों से यदि राख हट गई तब वे किसी न किसी को भस्मीभूत कर देंगे। परंतु उसे विदित है कि दहकते अंगारों को शांत और शीतल करना मुखिया जी के बायें हाथ का खेल है। उसने साहस सहेजकर डपटते हुए कहा, ''ऊपर क्या देखती है! चल मुखिया जी के पास।''

''गिरधरिया, गुलाम होगा तू मुखिया का, मैं नहीं। अब हमें क्या धमकी देता

है, रे! जो होना था वह तो हो गया। अपने कुकर्म को छिपाने के लिए मुझपर चोरी का झूठा इलजाम लगा रहा है। मैं अब मुखिया जी के यहाँ नहीं, सीधे थाने जा रही हूँ। जा के बता दे अपने मुखिया को। बड़ा मुखिया बना है। गरीबों के वोट से मुखिया बना है और गरीबों का ही लहू पी रहा है, उनकी इज्जत-आबरू लूट रहा है अपने गुंडों और तुम जैसे लंपट लठैतों के बल पर। हम अवश्य गरीब हैं, निर्धन हैं धन-दौलत के मामले में, लेकिन इज्जत में हम गरीब तुम्हारे मुखिया से बहुत-बहुत अमीर हैं। बेहद बड़े हैं।''

''तू क्या बकर-बकर किये जा रही है। सीधे नहीं चलोगी तब टेढ़े ले चलना भी हमें खूब आता है।'' गिरधारी ने भुखली को डपटते हुए कहा।

''गिरधारी, मत भूल कि तू भी हमीं लोगों में से एक है, रे! तुमको पता नहीं है कि तुम्हारे मुखिया के लाड़ले ने अपने गुंडों के बल पर मेरे साथ क्या किया। यदि यही तुम्हारी बेटी, बहन, औरत के साथ हुआ होता, तब भी क्या ऐसे ही अपनी लाठी चमकाता। लानत है तुम पर थू...।''

क्रोधाकुल गिरधारी गालियाँ उगलता हुआ मुखिया को खबर करने लौट गया। दरवाजे पर भुखली की पागल प्रतीक्षा में खड़े मुखिया गिरधारी को अकेले आते देखकर आग-बबूला हो गया। दूर से ही गालियाँ दागता हुआ चीख उठा, ''क्यों रे गिरधरिया, अकेले क्यों आ रहा है! कहाँ रह गई वह चुड़ैल भुखली?''

''हुजूर वह नहीं आएगी। उसने दस गालियाँ मुझे दीं और आपको भी। कहती है कि वह थाने जा रही है।'' गिरधारी ने गिड़गिड़ाते हुए कहा।

''अच्छा! तो अब चींटी के भी पर निकलने लगे हैं। इनको पता नहीं है कि पर निकलते हैं, मरने के लिए। इन चमारों की शामत आ गई है। अपनी बहू-बेटियों को सँभाल कर नहीं रखते और हमारे बाल-बच्चों को बरबाद करवा रहे हैं और जब समझाने के लिए बुलाओ तब थाने पर जाने की धमकी देती है। देख लूँगा। देख लूँग इन सब को।''

मुखिया की आँखें गुस्से में चिंगारियाँ फेंकने लगीं। होंठ फड़फड़ाते हुए बोला, ''गिरधारी, पूरे गाँव में खबर कर दो कि चमरटोली का कोई भी आदमी मेरे खेत की मेंड़ पर अपने पैर नहीं रखेगा, मेरे बाग में गाय-बकरी नहीं ले जाएगा। पत्ता, लकड़ी नहीं बीनेगा। गाँव के किसी कुएँ से पानी नहीं लेगा। सालों का हगना-मूतना बंद हो जाएगा तब पता चलेगा कि थाना जाने का क्या फल मिलता है।''

स्वयं से बोला... ''देखता हूँ थाना-कचहरी क्या कर लेता है। साले जब भूखों मरने लगेंगे, तब स्वयं ही आकर हमारे चरणों में अपनी नाक रगड़ेंगे।''

भुखली देवी अपने पति के साथ थाने पर रपट लिखाने पहुँची। मुखिया का आदमी वहाँ पर पहले से ही बैठा था। ''बड़े साहब यही है वह'', मुखिया के आदमी ने सस्वर संकेत किया।

"तुम चुपचाप बैठे तो रहो, मैं सब सँभाल लूँगा।" थानाध्यक्ष ने इशारे से ही समझाया। फिर भुखली के पति से डपटकर पूछा, "कहाँ से आ रहे हो। क्या हुआ? यह औरत कौन है?"

भुखली के पति सोबरन ने करबद्ध विनती की, "हुजूर, दारोगा जी, यह मेरी घरवाली है। हम नत्थुपुर से आये हैं।"

"ऐसा क्या हो गया, जो हमारा दिमाग खराब करने यहाँ आ गये?"

"हुजूर, मुखिया के बेटे ने मेरी घरवाली की इज्जत लूटी। और जब उसने रोकने की कोशिश की, तब उसे बेरहमी से पीटा। देखिए न! इसके शरीर पर अभी भी डंडों के निशान हैं। हुजूर न्याय करें।"

"इज्जत? क्या तुम लोगों की भी कोई इज्जत होती है। इतने बड़े आदमी पर तुम लांछन लगा रहे हो और कहते हो कि तुम्हारी इज्जत लूट ली गई। हरामखोर! मुंशी जी, भगाओ इन बदमाशों को। नहीं तो रात की नकबजनी वाली घटना में इसे बुक कर दो।" दारोगा ने गरजते हुए डपटा।

सोबरन और उसकी घरवाली को अब वहाँ से भाग निकलने के अलावा कोई अन्य चारा नहीं था। भारी मन से वे लोग उलटे पाँव थाने से बाहर निकल आए।

"हुजूर की डपट से बड़े-बड़े शातिर शैतान पेशाब कर देते हैं। इस साले चमार की क्या औकात। आया था मुकदमा लिखाने।" मुखिया के आदमी ने एक तीर और छोड़ा।

दारोगा ने अपनी घनी मूँछों को ऐंठते हुए ऊपर की ओर उठाया और अहं स्वर में कहा, "अच्छा तो जाकर मुखिया जी से बोलो कि पाँच हजार का काम तो मैंने कर दिया। और आगे भी यदि चैन से रहना है, तब दस हजार भेज दें। यह मामला हरिजन-उत्पीड़न के अंतर्गत आता है। अगर कोई सिरफिरा अधिकारी आ गया तब उनको लेने के देने पड़ जाएँगे। क्या समझे?" "समझ गये हुजूर। रात-दिन आप ही लोगों की सेवा में रहता हूँ सब समझ गया।" उसने उल्टे पाँव तीव्र गति से गाँव आकर मुखिया जी से पूरी बात कह दी।

न्यायार्थ हर आतंकित आदमी एक-एक दरवाजा खटखटाता है। थाने से निकलकर भुखली और सोबरन गरीब पार्टी के नेता के निकट गये और उन्हें अपनी पूरी करुण कहानी कह सुनाई। दारोगो ने केस लेने की बजाय झूठे मुकदमे मे फँसाने की धमकी दी, यह भी बताया। नेता ने कहा, "चलो! सीधे एस.पी. साहब के यहाँ चलकर आवेदन देते हैं। वहाँ पर अवश्य ही सुनवाई होगी।" एस.पी. साहब ने बड़े धैर्य के साथ आवेदन पढ़ा और अपेक्षित जाँच-पड़ताल के लिए डी.एस.पी. को भेज दिया।

डी.एस.पी. ने थाने पर पूछताछ की। दारोगा ने बताया, "ऐसा कोई केस थाने में नहीं आया है। यदि आता तो मैंने अवश्य ही लिखा होता। आप जाँच करवा

लें, सर! मैं तो गरीबों की पक्षधरता के लिए बदनाम हूँ। अच्छा होगा गाँव वालों के बीच चलकर स्वयं जाँच कर लें।''

डी.एस.पी. साहब दारोगा के साथ गाँव गये। मुखिया के दरवाजे पर गाँव वालों को एकत्र किया गया। किसी ने घटना की पुष्टि नहीं की। भुखली और सोबरन मुखिया के घर पर नहीं गए। डी.एस.पी. ने उसके मकान पर जाकर पूछताछ की। उसने पूरी घटना रोते हुए दोहरायी। परंतु गवाहों के बयान के बिना उन्होंने घटना को असत्य कहकर प्रतिवेदन दिया। एस.पी. साहब ने केस को बंद करने का आदेश दिया।

गरीब पार्टी का नेता भुखली के साथ स्थानीय विधायक के निकट गया। विधायक ने जिलाधिकारी, मुख्यमंत्री, प्रधानमंत्री को आवेदन देने को कहा और स्वयं उसके साथ जिलाधिकारी से मिला। उसने बताया, ''डी.एस.पी. ने अभियुक्त मुखिया के घर पर जाकर जाँच की। गाँव के लोगों में इतनी हिम्मत कहाँ कि वे मुखिया के विरुद्ध उसके ही दरवाजे पर अपना मुँह खोल सकें। फिर साथ में दारोगा जी भी थे, जिनके खिलाफ जाँच करनी थी। दारोगा के डर से गरीब लोग गवाही देने भी नहीं आए। आपसे अनुरोध है कि इस मामले की जाँच आप अपने स्तर से कराएँ।''

जिलाधिकारी ने जाँच का दायित्व एस.डी.ओ. को दिया। एस.डी.ओ. ने डी. एस.पी. की जाँच रिपोर्ट देखी और गाँव के लोगों से पूछताछ की। दारोगा के भय से गाँव का कोई भी आदमी गवाही देने के लिए नहीं आया। केवल मुखिया के आदमियों ने गवाही दी। एस.डी.ओ. का प्रतिवेदन था कि भुखली चरित्रहीन महिला है। उसने गाँव के बड़े लोगों को स्थानीय नेता के कहने पर यह आवेदन दिया है। जिलाधिकारी ने जाँच प्रतिवेदन देने का आदेश था। जिलाधिकारी ने शासन को एस.डी.ओ. की जाँच रिपोर्ट के साथ अपना मंतव्य भेज दिया। जाँच की कार्यवाही पूरी हो गई। जिलाधिकारी ने पूछने पर बताया कि गाँव में एक भी गवाह नहीं है जो कह सके कि भुखली के साथ मुखिया के लड़के ने बलात्कार किया है। मंदिर से चोरी करने का आरोप अवश्य सिद्ध होता है। कानून के अनुसार ही कार्रवाई हो सकती है।

रात में करीब दो बजे सोबरन और उसकी औरत भुखली अपने घर में सो रहे थे। दरवाजे पर किसी के दस्तक देने की आवाज आई। भुखली की नींद टूट गई। वैसे भी वह कभी गहरी नींद में नहीं सोती है और जब उसके साथ यह घटना घटी है तब से उसकी नींद और भी कम हो गई है। उसने सोबरन को जगाया और कहा, ''देखो, कोई दरवाजा खटखटा रहा है।'' सोबरन ने जाकर दरवाजा खोला। दो आदमी दरवाजे पर खड़े थे। दरवाजा खुलते ही अंदर आ गए। सोबरन ने मना किया—''कौन हैं आप लोग, अंदर क्यों आ रहे हैं।'' परंतु उसकी बात को अनसुनी करते हुए वे उसे धकियाये अंदर आ घुसे और भीतर से दरवाजा बंद कर लिया। एक ने कहा, ''हम तुम्हारे अपने आदमी हैं। घबराने की बात नहीं है। तुम्हारे साथ

अत्याचार हुआ है और न्याय नहीं मिल रहा है, उसी संबंध में विचार-विमर्श करने के लिए आए हैं।''

''आप लोग जानकर क्या करेंगे। जब सरकार के ही आँख, कान बंद हैं तब ऐसे में आप लोग क्या कर लेंगे।'' सोबरन ने हाथ जोड़कर उनसे चले जाने की विनती की।

''भाई सोबरन, मैं आपकी बात से बिल्कुल सहमत हूँ। सरकार को जगाना पड़ता है और हम लोग यही काम करते हैं, आपको न्याय अवश्य दिलाएँगे।'' उनमें से एक ने कहा।

''आप कैसे न्याय दिलाएँगे?'' सोबरन ने पूछा। ''आपको कुछ नहीं करना है। जिसने आपके साथ अन्याय किया है बस उसका हुलिया बता दीजिए, फिर बाकी काम हम लोग पूरा कर लेंगे। सरकार को जगा देंगे।''

''कौन है?'' अंदर से भुखली ने पूछा।

''कोई नहीं। दो राहगीर हैं। रास्ता भूल गए हैं।'' उसने उत्तर दिया और फिर पूछा कि कैसे जगा देंगे आप सरकार को।

''जिसने आपके साथ यह जघन्य अत्याचार किया है, उसे समूल नष्ट करके।'' एक ने दबंग स्वर में कहा।

''नहीं भैया, यह भी तो अत्याचार होगा। मैं ऐसे झंझट में फँसना नहीं चाहता हूँ। अत्याचार का बदला अत्याचार से, बलात्कार का बलात्कार से, यह तो अन्याय होगा।'' सोबरन ने कहा।

''आपके साथ जो हो रहा है, क्या वह न्याय है। क्या आपको अंदर से ऐसा नहीं महसूस होता है कि अत्याचारी को उचित दंड मिले। अरे भाई! काँटे से ही काँटा निकलता है।''

''चाहता तो खूब हूँ और मेरा वश चले तो स्वयं मुखिया के उस बेटे को मार दूँ जिसने मेरे सामने मेरी बीवी की लाज लूटी। परंतु क्या करूँ, मजबूर हूँ। गरीब आदमी हूँ, अपना पेट पालूँ या मुकदमा लड़ूँ। पुलिस मुकदमा भी नहीं लिखती है।''

''इसीलिए तो हम लोग आए हैं। आप हमारे जैसे हैं। गरीब हैं, सर झुकाए अत्याचार सहते आए हैं। हम लोगों ने अपना एक संगठन बनाया है जिसके माध्यम से अत्याचार का बदला लेते हैं। आप भी हमारे संगठन का सदस्य बन जाइए। फिर देखिए कौन आप पर आँखें तरेरने की हिम्मत करता है।''

यह बात हो ही रही थी कि भुखली भी उठकर आ गई। पूछा, ''कौन हैं आप लोगा। रात्रि के समय क्या मुसीबत आ गई है आप लोगों पर।''

सोबरन ने कहा, ''ये हमारी मदद के लिए आए हैं। कहते हैं, मेरे संगठन का सदस्य बन जाइए, सब ठीक हो जाएगा।''

''कैसा संगठन।'' उसने साश्चर्य पूछा।

एक ने कहा, ''गरीबों का संगठन। हम गरीबों ने एक संगठन बनाया है। जहाँ सरकार से न्याय नहीं मिलता है, वहाँ हम लोग अत्याचारी के खिलाफ स्वयं कार्रवाई करते हैं। जैसा अपराध वैसा दंड।''

''क्या बलात्कार के बदले बलात्कार करेंगे?'' भुखली ने पूछा।

''नहीं! हम बलात्कारी को दंड देते हैं। बलात्कार की सजा हमारे संगठन में मौत है। क्योंकि किसी की इज्जत-आबरू अमूल्य होती है। इज्जत चली जाने पर जीना बेमानी हो जाता है। महाभारत में द्रौपदी की लाज बचाने के लिए कृष्ण ने केवल साड़ी ही नहीं बढ़ाई, महाभारत सजाकर अत्याचारियों का समूल संहार भी कर दिया था।''

अभी सोबरन कुछ बोले इसके पूर्व ही भुखली बोल उठी, ''तुम ठीक कहते हो भैया! मैं भी बदला लेना चाहती हूँ। जब तक अत्याचारी को सजा नहीं मिलेगी तब तक मेरे दहकते कलेजे को ठंडक नहीं पहुँचेगी।''

''तब तो आप मेरे साथी हैं। अब आपको कुछ नहीं करना है। जैसे रहते हैं वैसे रहिए। आगे का काम हम लोग अपने ढंग से कर लेंगे।'' वे जाने लगे तब सोबरन ने कहा, ''लेकिन यह भी तो अन्याय होगा।''

भुखली ने कहा, ''न्याय-अन्याय क्या होता है, यह हमें पता नहीं। हमें तो केवल बलात्कारी को सजा दिलानी है, जिससे फिर किसी गरीब, असहाय और अकिंचन की आबरू से खेलने की कोई हिम्मत नहीं जुटा सके।''

भुखली भुक्तभोगी थी। उसके मन-प्राणों में प्रतिशोध की क्रोधाग्नि लपटें मार रही थीं। उसने कृतज्ञ स्वर में कहा, ''जाइए भैया, न्याय की लाज रखने के लिए जो भी उचित हो अवश्य करिए। हम आपके साथ हैं।''

भुखली के अविरत आग्रह पर सोबरन को नक्सलियों का साथ देना पड़ा। धीरे-धीरे सोबरन का घर नक्सलियों का शरण-स्थल बन गया। वे लोग रात के घने अँधेरे में आते, कुछ खाना-पीना करते और भोर होने से पूर्व ही निकल जाते। उनके आने-जाने की भनक तक किसी को नहीं थी। एक तो सोबरन सीधा-सादा आदमी था और फिर उसका घर भी गाँव के एक किनारे पर एकांत में था। गाँव या गाँव के आस-पास वे लोग कोई वारदात भी नहीं करते थे जिससे किसी को शक हो सके। लेकिन नक्सली लोगों से घुल-मिल जाने के कारण उनके विचारों का प्रभाव सोबरन के निश्छल प्रपीड़ित मन पर भी पड़ा। धीरे-धीरे उसमें सक्रियता आने लगी। दिन-भर खेतों में मजदूरी करता और रात के अँधेरे में नक्सली गतिविधियों में भाग लेता। भुखली पहले से ही जली-भुनी थी। प्रतिशोध की आग सुप्तावस्था में थी, नक्सलियों के संसर्ग से प्रज्वलित हो गई। उसकी इच्छा थी कि जमींदार के लड़के, जिसने उसकी इज्जत

लूटी थी, को उसके जघन्य जुल्म की कठोरतम सजा दी जाए।

नक्सलियों का जत्था रात के करीब दो बजे उसके घर आया। सोबरन और भुखली सो रहे थे। उन लोगों ने संकेत से उन्हें जगाया और दरवाजा खुलते ही घर के भीतर प्रवेश कर गए। भुखली ने निःशब्द स्वर में पूछा–

"आप लोग कहाँ के हैं?"

"चतरा के।"

"चतरा के हैं, तब यहाँ कैसे?"

"आपको नहीं मालूम हम लोगों को आज बगल के गाँव में कहर ढाना था, इसीलिए आए थे; परंतु जिसकी तलाश थी वह शाम को ही पटना चला गया। इसकी सूचना मिलने के पहले ही हम लोग अपना इलाका छोड़ चुके थे। उसकी तकदीर अच्छी थी कि जो आज बच गया। सुना है कि किसी विधायक के घर पर रहता है पटना में। आपके घर का पता था सो चला आया। कुछ खा-पीकर हम लोग चले जाएँगे।" नक्सलियों के सरदार ने अपनत्व भरे शब्दों में बताया।

"मेरा काम कब होगा?" भुखली ने आकुल स्वर में पूछा।

"आपका क्या काम है? अभी तक हम लोगों को नहीं बताया गया है। कहिए क्या काम है?" नेता ने पूछा।

"भैया! इस गाँव के जमींदार के बेटे ने मेरी लाज लूटी थी। अपना मुँह काला किया था। थाने से लेकर जिला तक कहीं सुनवाई नहीं हुई, बल्कि हम पर उल्टे चोरी का इल्जाम मढ़ दिया गया। मैं चाहती हूँ कि उसे अविलंब उचित सजा मिले। कोर्ट-कचहरी से मेरा भरोसा उठ गया है। इसीलिए अब हम लोग आपके साथ हैं। बस, आप लोगों पर ही आशा टिकाए बैठी हूँ।" भुखली ने साश्रु नयनों से सरदार को देखते हुए भारी स्वर में कहा।

दूसरे दिन बारह बजते-बजते रात्रि में पुलिस ने सोबरन के घर छापा मारा। पुलिस ने सीटी बजाई, दरवाजा खटखटाया। सोबरन जो गहरी नींद में घिरा था, सोचकर कि नक्सली लोग फिर आ गए, उठ बैठा। परंतु सीटी की आवाज कानों में पड़ते ही वह चौकन्ना हो गया। नक्सली लोग सीटी नहीं बजाते बल्कि दबे पाँव आते हैं और दबे पाँव ही चले जाते हैं। कानून तोड़ने वाला कितना ही दिलेर क्यों न हों, वह कानून के डर से चींटी बन जाता है। उसने धीरे से भुखली को जगाया। "देखो तो क्या है, रात में भी सोने नहीं देते।"

"वही लोग होंगे जाकर देखो न!"

"वो लोग सीटी कहाँ बजाते हैं। सुनो न सीटी की आवाज है।"

"सीटी नहीं तो क्या नगारा पीटेंगे। हमें सोने दीजिए।"

"लगता है पुलिस आ गई है, देखो न!"

पुलिस का नाम सुनते ही भुखली की नींद उड़ गई। वह उठकर चारपाई पर

बैठ गई। उसने वहीं से पूछा, ''कौन है भइया?''

''पुलिस! दरवाजा खोलो नहीं तो तोड़ दिया जाएगा।''

''अच्छा रुकिए, खोलती हूँ।''

उसने सोबरन को पीछे से दीवाल फाँदकर भाग जाने को कहा और दरवाजा खोला। पाँच-छः सिपाही के साथ दारोगा जी सीधे घर में घुसने लगे। भुखली दरवाजे पर अड़कर खड़ी हो गई। पूछा, ''क्या है दारोगा बाबू, हम गरीब के घर में क्या है। कहो, किसलिए आए हो।''

''तुम्हारे घर में नक्सली छिपे हैं। उन्हें बाहर निकालो।'' यह कहते दारोगा जी सिपाहियों के साथ भुखली को एक ओर धकलते हुए भीतर घुसे। सिपाहियों ने देखा कोई नहीं था। ''साहब यहाँ तो कोई नहीं है।'' एक सिपाही ने कहा। दारोगा ने खीझ में आकर भुखली को एक थप्पड़ मारा और पूछा, ''तुम्हारा मर्द कहाँ है? कहाँ छिपा रखा है नक्सलियों को।''

भुखली ने हाथ जोड़कर विनती की, ''माई-बाप, हम गरीब आदमी नक्सलियों को कहाँ छिपाएँगे। हम अपनी लाज तो छिपा ही नहीं पा रहे हैं। नक्सली लोगों से हमारा क्या लेना-देना।''

''तुम्हारा मर्द सोबरना कहाँ है।'' दारोगा ने डाँटते हुए दुबारा पूछा।

''ऊ तो सरकार रिश्तेदारी में गए हैं।'' भुखली ने नतसिर होकर कहा।

''साली सिंगार ऐसे करती है जैसे पुतरिया, और चली है 'लाज' छिपाने।'' बड़बड़ाते हुए दारोगा जी जाने लगे। चलते-चलते कह गये, ''आज तो बच गई। अगर नक्सलियों को अपने घर में रखा तो तुम्हारा घर उजाड़ देंगे और पूरे परिवार को जेल भेज देंगे।''

भुखली ने राहत की साँस ली। मन ही मन सोचा—जब 'लाज' ही चली गई तो तब घर-दुवार से क्या। आज तो खैर बच गई। लगता है, किसी ने पुलिस को बता दिया है। पुलिस का लफड़ा बड़ा बुरा होता है। पुलिस की दोस्ती और दुश्मनी दानों खराब। परंतु इज्जत गँवाकर जीने से लाख गुना अच्छा है, इज्जत के लिए लड़ते हुए मर-मिट जाना।

कल रात के अँधेरे में जब नक्सली आए थे, तब उसी गाँव का एक आदमी, टट्टी करने वहीं समीप के खेत में गया था। उसने नक्सली जत्थे को सोबरन के घर के अंदर घुसते हुए देख लिया था। उसी ने गाँव के जमींदार को खबर कर दी और जमींदार का बेटा सुबह होते-होते थाने खबर के साथ पहुँच गया था। वह आदमी सोबरन का भाई मँगरू था। दोनों में घर की कोलिया को लेकर लंबे अरसे से तना-तनी चल रही थी।

सोबरन शाम को अँधेरा घिरने पर घर लौटा। भुखली ने उसे सारी घटना बता दी। सोबरन ने कहा, ''लगता है अब पुलिस हमें तंग करेगी। मैंने कहा था कि जो

हो गया सो हो गया परंतु एक तुम हो, जो बदला लेने की जिद ठाने रही। लो अब बदला। साले पुलिस वाले अब इज्जत-आबरू नहीं छोड़ेंगे। ऊपर से जमींदार अब और जुल्म करेगा।''

''घबराने से बात नहीं बनती। नक्सली लोगों को कहना पड़ेगा कि वे अब हमारे घर पर नहीं आया करें। जो होगा हम लोग बाहर-बाहर से ही करेंगे।'' भुखली ने अपने आतंकित पति को आश्वस्त किया।

''नक्सली लोग मानेंगे तब ना। सुना है वे जिसके घर को एक बार अड्डा बना लेते हैं, उसे तब तक नहीं छोड़ते जब तक वह तबाह न हो जाए। इधर पुलिस, उधर नक्सली। समझ में नहीं आता क्या करें।'' सोबरन ने मन ही मन सोचा।

''इतना परेशान होने की क्या बात है। मैंने पुलिस को बता दिया है कि आप रिश्तेदारी में गए हैं। उनको यह नहीं मालूम कि पुलिस के डर से आप भागे हुए हैं। लेकिन सही बात हमें अपने नेता को बता देनी चाहिए कि वे लोग मान जाएँगे। आखिर वे हमारी भलाई चाहते हैं।'' भुखली ने अपने पति को समझाया।

सोबरन ने गंभीरतापूर्वक पत्नी की बातें सुन लीं और उन पर अपनी कोई प्रतिक्रिया नहीं व्यक्त की। भुखली के मन में जमींदार से प्रतिशोध लेने की बात ज्वालावत् धधक रही थी। वह कोई दलील सुनना नहीं चाहती थी। सोबरन ने सोचा, 'चुप रहना ही अच्छा है।'

सोबरन नक्सली नेता से मिला और उसे पुलिस की छापामारी की बात बताई और अनुरोध किया कि अब उसके घर की ओर वे लोग रुख नहीं ही करें तब अच्छा होगा।

नेता टाइगर ने पूछा, ''पुलिस को खबर किसने की कि तुम्हारे घर पर जत्था आया था।''

''पता नहीं, पर लगता है कि जमींदार को उसी के किसी आदमी ने खबर दी होगी।''

''नहीं सोबरन, मेरा अनुभव है कि हम लोगों में से किसी ने यह गद्दारी की है। तुम्हारी किसी आदमी से अनबन तो नहीं है।''

''अनबन तो मँगरू से है, परंतु वह तो भाई लगता है। नहीं, नेता जी, नहीं, नहीं, वह ऐसा काम नहीं करेगा।''

''अच्छा तुम घबराओ नहीं। सब इंतजाम हो जाएगा।'' टाइगर ने सोबरन को आश्वस्त किया। टाइगर भूमिगत नक्सली नेता है।

सोबरन टाइगर के अड्डे पर पहुँचा। चारों ओर सुनसान जंगल और बीहड़ पहाड़ियाँ थीं। टीले से एक आदमी ने पूछा, ''कहाँ जाना है।''

गुप्तचर साथी ने कहा, ''टाइगर।''

''आगे बढ़ जा'' टीले पर से ही आवाज आई। सोबरन टाइगर के पास पहुँचा।

टाइगर ने कहा, ''आओ सोबरन, देखो तुम्हारा भाई भी यहीं पर है। क्या नाम बताया 'मँगरू'।''

टाइगर के पास मँगरू को देखकर सोबरन को जैसे साँप सूँघ गया। उसने भयभीत मनःस्थिति में सोचा कहीं ऐसा न हो कि वह सोचे कि मैंने ही उसके बारे में कुछ कहा होगा। मँगरू ने देखते ही कहा, ''भइया सोबरन, हमें माफ कर दीजिए, गलती हो गई।''

सोबरन किंकर्तव्यविमूढ़ था। समझ नहीं पा रहा था कि क्या करे? मँगरू को यदि कुछ हो गया तो उसकी बीवी, बच्चे अनाथ हो जाएँगे और इस पाप की जिम्मेदारी इसी की होगी।

''भइया मँगरू तुम कैसे यहाँ आ गए।'' टाइगर की ओर देखकर हाथ जोड़ा और विनती की, ''भइया टाइगर इसे माफ कर दीजिए। अनजाने में गलती हो गई। मैं इसे अपना भाई मानता हूँ। इससे नादानी हो गई। इसे छोड़ दीजिए।''

''तुम कहते हो तो छोड़ देता हूँ, नहीं तो इसे छः इंच छोटा कर देने की सजा देता।'' टाइगर ने कहा। मँगरू की टाँगें काँप रही थीं। उसकी जुबान से बात नहीं निकल रही थी। वह अतिशय घबराया हुआ था। उसका गला भर आया। होंठ आतंक के वेग में फड़क रहे थे। सोबरन के साथ जब वह बराबर पहाड़ के बाहर आया तब उसकी जान में जान आई।

पुलिस ने सोबरन के घर पर खुफिया लगा दिया। एक माह तक जब नक्सली जत्था के आने की कोई रिपोर्ट नहीं मिली तब पुलिस भी ढीली पड़ गई और पुलिस का खुफिया आदमी भी।

दारोगा जी थाने पर बैठे थे। संध्या के सात बज रहे थे। चौकीदार ने आकर खबर दी, ''हुजूर गजब हो गया। बाबू साहब के लड़के की हत्या हो गई। रात में वे बाजार से आ रहे थे। बस कुछ लोगों ने घेरकर गोली मार दी और गला रेतकर धड़ अलग कर दिया।''

''यह तो होना ही था। पुलिस के बल पर कब तक जिंदा रहते। अपने कर्मों का फल मिल गया। चलो हम अभी आते हैं।'' दारोगा ने हिदायत दी।

देखते-देखते पूरा गाँव पुलिस-छावनी बन गया। जिला पुलिस के साथ बी.एस. पी. के जवान तैनात हो गए। दो-चार आदमियों की पुलिस ने जमकर पिटाई की। कुछ को पकड़कर हिरासत में डाल दिया। सोबरन गाँव से बाहर था। दारोगा ने कहा कि लगता है, उसी ने नक्सलियों को बुलाकर कत्ल करवाया है।

एस.पी. साहब ने पुलिस की मुस्तैदी पर शाबाशी दी। सोबरन के घर की कुर्की-जब्ती हो गई। भुखली को थाने ले जाया गया। उसकी निर्मम पिटाई हुई, उसने जीभ नहीं हिलाई। ''हुजूर, हमको मार दीजिए। मैं इस मामले में कुछ नहीं जानती।''

बात भी ठीक थी। नक्सलियों ने कत्ल उसको जानकारी देकर नहीं किया था। परंतु अंदर ही अंदर भुखली के प्राण प्रसन्न थे।

थाना से छूटने के बाद वह भी गाँव छोड़कर भाग गई। कहाँ गई किसी को पता नहीं। सोबरन भी भूमिगत हो गया। सोबरन एक रात जब अपने घर गया तो वहाँ ताला जड़ा था। वह किसी से पूछ भी नहीं सकता था। सोबरन अपनी ससुराल चला गया। वहाँ भी भुखली नहीं थी परंतु इतना पता अवश्य मिला कि वह अपनी बहिन के घर पर रहती है, जिसका पति पटना में सरकारी चपरासी है। पटना बहुत बड़ा शहर है वहाँ पर कौन किसको जानता-पूछता है। सोबरन एक रात अपने साढ़ू के घर पहुँचा। पत्नी से मुलाकात हुई। उसने स्थिति का बयान किया और फफक-फफककर रोने लगी। बहिन ने सांत्वना दी। समय कट जाएगा, घबराने से क्या लाभ!

सोबरन ने कहा, ''भुखली तुम घर-बार छोड़कर यहाँ पड़ी हो। मैं दर-दर की खाक छान रहा हूँ। कई बार ऐसा हुआ है कि खाना बनकर तैयार है, इसी बीच पुलिस की आहट मिली और हम लोग भूखे भाग चले। न खाना मिलता है, न पानी। कभी-कभी रात-रात-भर भागते रहना पड़ता है। मैं तो लगता है अब थका जा रहा हूँ।''

''लेकिन करें क्या? अब तो साँप-छूछँदर वाली दशा हो गई है, न लीलते बनता है, न उगलते।'' भुखली ने सिसकते हुए कहा, ''जमींदार का बेटा मारा गया। मेरा दिल जुड़ा गया है लेकिन ऐसी जिंदगी से क्या लाभ। न तो घर में रह सकते हैं और न वन में। सारा सुख-चैन स्वाहा हो गया है। सुना है कि पुलिस कुर्की-जब्ती में चौखट आदि उखाड़ ले गई।''

''तुम यहाँ शहर में हो। अच्छा-बुरा खाना-पीना तो मिल ही जाता है, परंतु मेरी दशा देखो। अहर्निश अपने पीछे पुलिस की छाया देखता रहता हूँ। हमारे जत्थे से लोग डरते हैं परंतु हम भी पुलिस के डर से भागते फिरते हैं। मैं घर गया था। वहाँ वही ताला लटका है, जो तुम लगाकर आई थीं। मैं यह कष्ट भी सह लूँगा परंतु हमारे ही आदमी जब हमारी बहू-बेटियों के साथ क्रूर खिलवाड़ करते हैं तब खून खौल जाता है। कल रात जिसके घर में खाना-पीना हुआ, उसी की जवान बेटी के साथ एक साथी ने....मैंने उसकी निर्मम धुनाई कर दी। सरदार बोलता है कि तुमको मारने का कहाँ अधिकार है। मैंने मारने की सजा कहाँ दी थी? यह बात तो पुलिस भी कहती है कि कानून के हाथ में लेना जुर्म है। मेरी तो इच्छा होती है कि पुलिस के सामने समर्पण कर दूँ।'' सोबरन ने अपने मन की बात बता दी।

''पर ऐसा करने से सरदार का कोपभाजन बनना पड़ेगा। फिर टाइगर को क्या जवाब देंगे।'' भुखली ने पति से पूछा।

''चंबल के बागियों ने जयप्रकाश जी के आगे समर्पण कर दिया। बिनोवा भावे और सेठी के सामने भी चंबल के बीहड़ों के बाँकुरे-बागियों ने आत्मसमर्पण किया

था। आज वे सब सम्मानजनक सामाजिक जीवन जी रहे हैं। हम लोगों को भी अब सामान्य जीवन जीना चाहिए।'' थोड़ा चुप रहकर उसने आगे कहा, ''सुना है कि होम कमिश्नर अच्छे आदमी हैं। उनसे मिलकर समर्पण के संबंध में जानकारी प्राप्त करना चाहता हूँ। लोग कहते हैं कि वे सबकी मदद करते हैं।''

''आपकी जैसी इच्छा। मिल के देख लीजिए। ऐसा न हो कोई नई मुसीबत खड़ी हो जाए। वे आपको पुलिस में दे दें।'' भुखली ने सचेत किया।

''तुम मुझे अभी भी बुरबक ही समझती हो। मैं यह थोड़े ही कहूँगा कि मैं ही सोबरन हूँ।''

''तब तो ठीक है, प्रयास कर लीजिए।'' भुखली ने अपनी सहमति दे दी।

सात बजे शाम। होम कमिश्नर अपने कार्यालय में बैठे थे। चपरासी ने कहा, ''हुजूर एक आदमी मिलना चाहता है।''

''भेज दो।''

वह बाहर गया और उसने सोबरन को भीतर भेज दिया। कुर्ता-धोती और लाल रंग का एक अंगोछा कंधे पर डाले एक आदमी कमरे में आया। गाल पिचक गये थे, आँखें कोटरों में घुसी हुई थीं। मुँह पर थकान की रेखाएँ दिखाई दे रही थीं। घिसे हुए हवाई चप्पल को उसने दरवाजे पर ही उतार दिया। दूर से हाथ जोड़कर नमस्ते किया।

होम कमिश्नर ने उसकी ओर आँखें उठाकर कहा, ''आओ सोबरन, कैसे हो।'' वह घबरा गया। सोचा कमिश्नर को कैसे मालूम हो गया कि वह सोबरन है। वह ठिठक गया। उसके हाथ के तोते उड़ गए।

होम कमिश्नर ने पुनः कहा, ''आओ, कुर्सी पर बैठ जाओ। बोलो कैसे आए हो। घबराओ नहीं, मैं तुम्हारी पूरी मदद करूँगा।''

''नहीं सरकार हम ऐसे ही ठीक हैं।''

''जैसी तुम्हारी मर्जी। बोलो क्या बात है?''

''हुजूर को मेरा नाम कैसे मालूम? मैंने तो बताया नहीं।''

''ओ, अरे भाई आज नहीं बताए, पर उस दिन तो बताए थे न जब मैं एक जाँच के सिलसिले में तुम्हारे गाँव गया था। अभी एक साल भी तो नहीं हुआ। सुना है आजकल गाँव छोड़कर जंगल में जम गए हो। तुम्हारे साथ अन्याय हुआ था, उसका प्रतिकार तुम्हें कानून के सहारे करना चाहिए था। मैं तुम्हारी मदद करना चाहता था परंतु उसके पहले ही तुम फरार हो गए। घबराओ नहीं, मैं तुम्हें गिरफ्तार नहीं कराऊँगा।'' होम कमिश्नर ने आश्वस्त किया।

''सरकार जब आप सब कुछ जानते ही हैं तब कृपया आप ही बताएँ कि अब हम क्या करें। जंगल की जिंदगी से ऊब गए हैं। आत्मसमर्पण करने से क्या कोई फायदा है?'' सोबरन ने डरते-डरते पूछा और कहा, ''मैं आपके पास आपकी

सलाह के लिए आया हूँ। सुना है आप बड़े दयालु हैं।''

''सोबरन, मैं तुम्हें एक बात स्पष्ट कर दूँ। जब तुम आत्मसमर्पण करोगे तब मैं तुम्हें गिरफ्तार कर जेल भेज दूँगा। परंतु कोशिश करूँगा कि केस का अनुसंधान यथाशीघ्र पूरा हो जाए। केस बनेगा तो जेल, नहीं बनेगा तो बाइज्जत बरी। अब निर्णय तुम्हारे हाथ में है। तुम्हारा घर बनवा दूँगा। एक बात और स्पष्ट कर दूँ, तुम्हारे ही नहीं तुम्हारे किसी भी साथी के साथ अन्याय नहीं होने दूँगा।''

सोबरन ने सलाम किया और लौटकर अपना पत्नी से मिला। पूरी कहानी कहकर उसने अपने मन के संकल्प को ध्वनित किया, ''मैं आत्मसमर्पण करना चाहता हूँ।''

''आप जो उचित समझें, करें। मैं आपके साथ हूँ।'' पत्नी ने हिम्मत बँधाई।

सोबरन को रात में नींद नहीं आई। सुबह हुई। भुखली ने देखा कि पति वहाँ नहीं है। वह समझ गई। भोर में ही वह जंगल की ओर भाग गया होगा।

सोबरन आगे बढ़ता जा रहा था और मन ही मन भावी योजना पर सोचता जाता था। रह-रहकर उसके मन में यह विचार उठता, ''यह भी कोई जिंदगी है। रात-दिन भागते रहो। न खाना, न पीना और न ठहने का ठिकाना। अगर पुलिस वाले मेरे साथ थोड़ा-सा भी न्याय करते और अपराधी को सजा दिलाते तब मैं नक्सलवादियों के साथ क्यों जाता? लगता है सभी नक्सली ऐसे ही अत्याचार से ऊबकर यह कठिन जीवन जी रहे हैं। यदि न्याय मिल जाए तब कोई नक्सली क्यों बने। अत्याचारी, व्यभिचारी एवं कानून का गला घोंटने वालो का साथ देना क्या अपराध नहीं है? तब पुलिस उन लोगों का साथ क्यों देती है? क्यों गरीब, असहाय को नक्सली बनने के लिए मजबूर करती है? कोर्ट-कचहरी तो बाद में आती है। पहली कोर्ट तो पुलिस है। यदि वह चाहे तो लोग नक्सली नहीं बनेंगे। ऐसा कौन है जो सामान्य सहज शांत जीवन नहीं जीना चाहता, जो सुखपूर्वक परिवार के साथ नहीं रहना चाहता। शांति और सम्मान सबको प्रिय है।''

अचानक उसने देखा सामने से पुलिस आ रही थी। वह एक पेड़ के पीछे दुबक गया। उसे लगा कि अब नहीं बचेंगे। पुलिस ने निकट आकर पूछा, ''क्या कर रहा है पेड़ के पीछे? कौन है रे? बोलता क्यों नहीं?''

''हुजूर, सबरे-सबेरे टट्टी फरागत को निकले थे। क्या पता आपके दर्शन हो जाएँगे।'' सोबरन ने साहस से काम लिया।

''जा जा, भाग जा। गाँव में सब ठीक है।'' एक पुलिस वाले ने पूछा।

पुलिस आगे बढ़ गई।

सोबरन ने सोचा, उसका भ्रम था कि पुलिस वाले उसे पहचानते होंगे।

जंगल में टाइगर से मुलाकात हुई। उसने उसे बताया, ''नेता जी! आज मैं अपनी पत्नी से मिलकर आ रहा हूँ। वह बड़ी कठिनाई में है। दूसरे के घर में रहती है। हम लोग भी मारे-मारे फिर रहे हैं। मैं सोचता हूँ कि अपने को कानून के हवाले

कर दूँ और आप सब भी कानून का सहारा लें।''

''यह कानून हम गरीबों के लिए नहीं है सोबरन। कानून पैसे वालों के लिए है। जिसके पास पैसे हैं, कानून उसके पीछे है। हम लोगों के पास क्या है?''

''संगठन है नेता जी। यदि हम भूमिगत संगठन को सतह पर लाएँ और एक होकर अहिंसात्मक रीति से लड़ें तब कुछ हो सकता है।'' सोबरन ने सुझाव दिया।

''तुम तो वकीलों जैसी दलील करते हो, सोबरन। हम लोग भी जलालत की इस जिंदगी से तंग आ गए हैं।''

''अच्छा तो मैं अपनी पत्नी से एक बार पुनः विमर्श कर निश्चित करूँगा कि अब हमें क्या करना चाहिए। यदि मेरे साथ इंसाफ होता है तब आप लोग भी आम आदमी की जिंदगी जीने का संकल्प लेना। लेकिन संगठन को तोड़ना नहीं।''

दूसरे दिन वह अपनी पत्नी से मिलने पटना चला गया। एकांत मिलने पर उसने अपनी पत्नी से पूरी बात कह दी ओर आत्मसमर्पण करके सुखी जीवन बिताने की बात की।

जंगल के ख़िलाफ़

धरमपुर में हर जाति-वर्ग के लोग रहते थे—ऊँच, नीच और बहुत नीच या अंत्यज। परंतु भूमिहार जाति के लोगों का वर्चस्व पूरे गाँव पर था। ऐसा नहीं कि उनकी संख्या अधिक थी। थे तो वे चार-पाँच ही परिवार, पर गाँव की पूरी जमीन पर उन्हीं लोगों का आधिपत्य था। नाममात्र की जमीन के मालिक अन्य जाति के लोग थे। आज वैसी स्थिति नहीं है, क्योंकि एक सीमा से अधिक जमीन का सरकार ने अधिग्रहण कर लिया और इसे वहाँ के गरीब, अनुसूचित जाति के लोगों के बीच बाँट दिया। इससे गरीबों की आर्थिक स्थिति पर कोई विशेष प्रभाव नहीं पड़ा। फिर भी उनको यह अहसास तो अवश्य ही होने लगा कि वे भी जमीन के मालिक हैं। मालिक होना बहुत बड़ी बात है। वे लोग पूरी जिंदगी भूमिहार-बाभन को मालिक कहते आए थे। थोड़ी-सी जमीन का मालिक हो जाने से वे लोग अपने को भूमिहीनों से बड़ा मानने लगे। जमीनधारकों की जोत कम हो गई है परंतु पहले की अपेक्षा उनकी आर्थिक स्थिति में सुधार हुआ। पंद्रह एकड़ के किसानों के पास अब ट्रैक्टर, पानी पटाने की मशीन आदि उपलब्ध हो गई। शहरों में मकान हो गए।

ऐसे ही एक बड़े परिवार में अरुण का जन्म हुआ था। इस भूमिहार परिवार में बच्चा होता था, पर दो-चार माह की ही उसकी जिंदगी होती थी। कभी-कभी तो जन्म के कुछ दिन बाद ही बच्चा चल बसता था। बच्चे को बचाने के लिए समाज में प्रचलित टोना-टोटका, झाड़-फूँक, ओझा-वैद्य—सबकी मदद ली गई। दो बच्चे हुए। कुछ दिनों बाद मर गए। परिवार में सब-कुछ था, धन-दौलत, समाज में शोहरत, पर इन सबका उपभोग करने वाला कोई नहीं था। माँ-बाप चिंतित रहा करते थे—आगे वंश कैसे चलेगा। किसी संत ने सलाह दी कि इस बार बच्चा होते ही उसका कान-नाक छेदवा दिया जाए। खंडित शरीर पर दानव, भूत-प्रेत का असर नहीं होता है। भगवान् भी जल्दी उसे नहीं छेड़ते हैं।

भगवान् जो करता है अच्छा ही करता है। कहावत है कि एक राजा की उँगली

कट गई। खून बहने लगा। अमात्य ने कहा, ईश्वर कुछ दिनों बाद राजा शिकार के लिए जंगल गया। जंगल में रास्ता भूल गया। जंगली लोगों ने उसे पकड़ लिया और कहा कि देवी की बलि के लिए आदमी मिल गया। राजा को देवी के समक्ष ले जाया गया और जब बलि देने का समय आया और शरीर का निरीक्षण किया गया तब पता चला कि राजा की एक उँगली ही नदारद है। राजा का शरीर खंडित था। अपूर्ण मानव जानकर उसे छोड़ दिया। बलि नहीं दी गई। राजा ने वापस आकर अपने अमात्य से माफी माँगी।

अरुण के माता-पिता ने संत की बात मानने का निर्णय ले लिया। बच्चा होते ही इस बार उसके कान-नाक छेदवा देंगे। गाँव के उसी बुजुर्ग संत ने एक और सलाह दी कि बच्चे को पैदा होने पर माँ का दूध नहीं पिलाकर किसी अन्य महिला का दूध पिलाया जाए। इससे बच्चा बच जाएगा। ऐसी मान्यता है। गाँव की महिलाओं के बीच कानाफूसी भी होती थी कि मालकिन के दूध में खराबी है। दूसरी औरत का दूध पीने से ही बच्चा जी सकेगा।

जब आदमी हर तरफ से थक जाता है तब भगवान् में विश्वास करने लगता है। ऐसे ही जब उसका बस नहीं चलता तब हर आदमी के सुझाव को मानने के लिए बाध्य हो जाता है। अरुण के माता-पिता की ऐसी ही स्थिति थी। वे देवी-देवताओं की पूजा-अर्चना, तीर्थ-स्थलों के दर्शन, ओझा-देवा के शरणागत होना आदि सब कुछ करते थे। उन्होंने निश्चय किया कि इस बार बच्चे का नाक-कान छेदवा देंगे और किस अन्य औरत का ही दूध पिलवाएँगे।

रामनरेश सिंह की पत्नी को गर्भ ठहर गया। अनुमंडल की डॉक्टर पुनीत इस्सर की देख-रेख में समय बीतता गया। किसी प्रकार की परेशानी नहीं हुई। बच्चा होने का समय आ गया। हर बार बच्चे का जन्म गाँव में ही होता था। गाँव की चमारिन (डगरिन) आती थी। बच्चा पैदा कराती थी और अपने हँसुआ से नार काट देती थी। वह गाँव की डॉक्टर थी। धाई थी। सबकुछ थी। इस बार रामनरेश ने सोच रखा था कि समय पूरा होते ही वे अपनी पत्नी को अनुमंडल के अस्पताल में डॉ. इस्सर की देख-रेख में भरती करा देगे। बच्चे का जन्म अस्पताल में होगा। वही उसकी मातृभूमि होगी, जन्मभूमि होगी।

बच्चा पैदा हुआ। पूरे दिन पर हुआ। बच्चा गोरा, गोल चेहरा वाला, सुंदर था। पैदा होते ही वजन लिया गया—ढाई सेर। आँखें छोटी पर आकर्षक। रामनरेश ने डॉक्टर से अनुरोध किया, "बच्चे का नाक-कान छेद दिया जाए और बच्चे को उसकी माँ का दूध न पीने दिया जाए। महात्मा ने कहा है कि किसी अन्य औरत का दूध पिलाने से बच्चा दीर्घजीवी होगा।"

डॉक्टर ने इसकी मान्यता नहीं दी, इसे ढकोसला कहकर टाल दिया। उन्होंने कहा, "आपके बच्चे को कुछ नहीं होगा, वह स्वस्थ है। किसी प्रकार की बीमारी

नहीं है। इसके पूर्व आपके बच्चों को बीमारी चमईन के हँसुआ से लग जाती थी जो टिटनस बनकर बच्चे की जान ले लेती थी। अस्पताल में ऐसी कोई समस्या नहीं है।''

''नहीं डॉक्टर साहिबा, ऐसी बात नहीं है। गाँव की चमईन साल में पचासों महिलाओं का प्रसव करवाती है। किसी को कुछ नहीं होता। मेरे अनुरोध को मानकर जैसा मैं कहता हूँ वैसा ही करें डॉक्टर साहिबा। यह मेरी विनती है।'' रामनरेश के अनुरोध को वह टाल नहीं सकी। उन्होंने कहा, ''बच्चे को दूध देना आवश्यक है, जिस किसी का भी दूध देना चाहते हैं, उसे बुलाइए। पर मेरी सलाह है कि बच्चे को उसकी माँ का ही दूध देना आवश्यक है। उसमें ऐसे तत्त्व होते हैं जो बहुत-सी बीमारियों से बचाते हैं।''

''डॉक्टर साहिबा, आपने मेरी किताब पढ़ी है, वह सही है, परंतु मेरा अनुभव तो कुछ और ही है। मेरी स्त्री को दो बच्चे हुए, परंतु एक भी जिंदा नहीं है। महात्मा की वाणी झूठी नहीं होती है। उनकी सलाह है कि बच्चे को किसी अन्य औरत का दूध पिलाने से वह बच जाएगा। डॉक्टर साहिबा, मैं अब और रिस्क नहीं लेना चाहता।''

''ठीक है, तो उस औरत को बुलाकर लाइए जिसका दूध पिलाना चाहते हैं।''

रामनरेश सिंह साइकिल से गाँव गया। लोगों से पूछताछ की। परंतु कोई औरत ऐसी नहीं मिली जिसे कुछ माह पूर्व बच्चा हुआ हो वे ऐसी औरत की तलाश आस-पास के गाँव में करते रहे। कुछ औरतें मिलीं अवश्य परंतु अब उनको दूध नहीं होता था। गाँव की मजदूरिनें हैं जिन्हें भर पेट खाना नहीं मिलता। कुछ माह होते उनका दूध सूख जाता था। रामनरेश के सामने बहुत बड़ी समस्या थी। उन्होंने आस-पास के गाँवों में भी पता लगाया पर ऐसी औरत नहीं मिल सकी।

वे हताश होकर घर लौट रहे थे। चिंतित देखकर उन्हीं के एक मजदूर ने पूछा, ''मालिक, आप बड़े उदास लग रहे हैं। सुना है कि घर में लड़का हुआ है आपको तो खुश होना चाहिए।''

''हाँ मँगरू, तुम ठीक कहते हो। आज खुशी का दिन है परंतु एक मुसीबत है। तुम तो जानते ही हो, मेरे घर में दो बच्चे हुए और दोनों ही दो-तीन माह के होकर चल बसे।''

''मालिक इस पर तो किसी का वश नहीं चलता है। मौत के सामने अमीर-गरीब, छोटे-बड़े, राजा-रंक सब बराबर हो जाते हैं। पर चिंता करने से क्या होगा। होइहैं उहै जो राम रचि रखा।''

''हाँ भैया मँगरू, तुम ठीक कह रहे हो परंतु मन नहीं मानता। प्रयास करना हमारा कर्तव्य है आगे भगवान् की जैसी मरजी।''

थोड़ा रुककर रामनरेश ने कहा, ''मँगरू भैया, आज तुमसे क्या छिपाना। महात्मा जी ने कहा है कि बच्चे को यदि मालकिन का दूध न पिलाकर किसी और

औरत का दूध दिया जाए तो बच्चा बच जाएगा। अब मुसीबत है कि गाँव-जवार में ऐसी कोई औरत नहीं है जिसको दूध होता हो''

"दूध" —"मालिक बुरा न मानें तो एक बात कहूँ। सुना है कि दखिनवारी टोला में एक डोमिन को दस-बारह दिन पहले बच्चा हुआ है। पर मालिक, वह तो डोमिन है उसका दूध कैसे पिलाएँगे।

"यह नहीं चलेगा।"

"पर मालिक दुनिया कहेगी। नीच में भी नीच है वह।"

"हमें बच्चे की जान प्यारी है। उसे जिंदा रखना है, दुनिया मेरा बच्चा जिंदा नहीं कर देगी।"

अपना स्वार्थ जब टकराता है तब आदमी जाति-पाति, ऊँच-नीच सब भूल जाता है। रामनरेश आज बेसहारा, निराश और हताश था, उनका वंश डूबने के कगार पर था। उसे उबारने के लिए तिनके के सहारे की आवश्यकता थी। तिनका किस चीज का है इससे मतलब नहीं। वही रामनरेश, जो डोमटोली से गुजर जाने पर स्नान करके अपने को पवित्र किया करता था। गंगाजल छिड़ककर वस्त्र पवित्र करता था, डोम से दूर से ही बात किया करता था। घर में सफाई के लिए आता तो मुख्य द्वार से घुसने की अनुमति नहीं थी उसे। परंतु आज वे मँगरू को लेकर डोमिन के घर जा रहे हैं। उसकी औरत से प्रार्थना करने के लिए कि वह उसके बच्चे को अपना दूध पिलाकर बचा ले। वाह रे मौत का डर। वंश चलाने की लालसा ने सारे सिद्धांत तोड़ दिए।

डोमटोली में मँगरू के साथ रामनरेश बाबू को देखकर लोगों को बड़ा आश्चर्य हुआ। लोग दूर से ही जमीन छूकर बाबू साहब के प्रति आदर प्रकट करने लगे। डोमिन ने दूर से ही सलाम किया और कोठरी में घुस गई। उसका पति जित्तू बाहर आया। जमीन छूकर सलाम किया। रामनरेश खुद उसके पास गए। उसके कंधे पर हाथ रखकर बोले, "जित्तू भाई कैसे हो।"

जित्तू किंकर्त्तव्यविमूढ़ था। उसे विश्वास नहीं हो रहा था कि बाबू साहब ने उसका स्पर्श किया है। उसकी सभी इंद्रियाँ शून्य हो गईं। वह अचेत-सा खड़ा रहा। रामनरेश ने कंधा हिलाकर फिर कहा, "कहाँ खो गए जित्तू।"

"मालिक क्षमा करें गलती से मेरा शरीर आपको छू गया। गलती माफ सरकार।" जित्तू ने काँपते स्वर में विनती की।

"क्या कहते हो भाई। तुम्हारा शरीर नहीं छू गया। मैंने ही तुम्हारा कंध पकड़ा है। तुमसे एक जरूरी मदद लेनी हैं समय नहीं है। अपनी मेहरारू को बुलाओ ना।"

जित्तू को लगा कि उसकी औरत ने कोई गड़बड़ कर दिया है। उसने क्षमा माँगते हए कहा—"मालिक उससे क्या गलती हो गई। जो भी सजा हो हमें दे दें। उसका कोई कसूर नहीं। वह तो कुछ दिन पहले सौरी से निकल कर आई है। छोटा

बच्चा है। कहीं बाहर भी नहीं जाती। किसी ने गलत शिकायत कर दी होगी। माफी सरकार।''

मँगरू ने कहा, ''जित्तू भाई, साहब दंड देने नहीं आए हैं वे तो आपसे मदद लेने आए हैं।''

''काहे मजाक करते हो भइया मँगरू, हम गरीब आदमी क्या मदद कर सकते हैं।''

''नहीं जित्तू, तुम मदद कर सकते हो, तभी तो हम तुम्हारे दरवाजे पर आए हैं।'' रामनरेश ने कहा और अनुरोध किया कि वह अपनी मेहरारू को बुलाए।

जित्तू की औरत घूँघट निकालकर इकलौती कोठरी से बाहर आई।

रामनरेश ने कहा, ''जित्तू, मैं तुम्हारी मेहरारू को अस्पताल ले जाना चाहता हूँ। वहाँ पर मालकिन को बेटा हुआ है। उसे दूध पिलाना है।''

''हम समझे नहीं मालिक। हमारी औरत का दूध मालिक का बेटा पिएगा। यह कैसे हो सकता है।''

''सब-कुछ हो सकता है, जित्तू। भगवान् कसम। तुम्हारी औरत का दूध पीकर मेरा बेटा जी जाएगा। मेरा वंश हरा-भरा हो जाएगा। मेरी विनती मान लो। जो भी होगा मैं मजदूरी दे दूँगा।''

''दूध पिलाने की मजदूरी, नहीं मालिक यह अन्याय हम नहीं होने देंगे। आपके बेटे को दूध पिलाने के लिए कितने बाभन-ठाकुर की औरतें तैयार हो जाएँगी। आप क्यों अपना धर्म नष्ट करेंगे।''

''जित्तू तुम नहीं समझते हो। ऐसी कोई औरत नहीं है। अपनी औरत को मेरे साथ चलने को कहो। अभी घर पर छकड़ा तैयार है।'' जित्तू की हिम्मत कहाँ कि मालिक का हुक्म न माने।

जित्तू डोम की औरत बाबूसाहब के साथ अस्पताल पहुँची। बच्चे को देखा। दूर से ही मालकिन के पैर छुए। बच्चा सुंदर, आकर्षक, गोरा। आँखों में चमक। जित्तू की औरत ने कहा, ''मालकिन आपके बच्चे को मैं दूध नहीं पिला सकती हूँ। मैं अपने बच्चे के दूध को बाँटना नहीं चाहती।''

रामनरेश हतप्रभ-सा होकर विनय किया, ''तुम क्या कह रही हो। मेरे बच्चे की जिंदगी का सवाल है। बच्चे को अपना दूध पिलाकर बड़ा उपकार करोगी। मेरे वंश को बचा लो। मैं तुम्हारे हाथ जोड़ता हूँ।''

''मालिक, मुझे तो आपका हुक्म ही काफी है। आप विनय करके मुझे लज्जित कर रहे हैं।'' घूँघट की ओट से जित्तू की औरत ने कहा। उसने कहना जारी रखा, ''बच्चे को दूध पिलाने की एक शर्त है। मेरा दूध पीकर यह बच्चा मेरा हो जाएगा। अगर आप चाहें तो बच्चा मुझसे खरीद सकते हैं।''

रामनरेश ने कहा, ''बच्चे को दूध पिलाओ। हमको तुम्हारी शर्त मंजूर है। लो

यह एक पैसा अग्रिम रख लो।" बच्चा एक पैसे में बिक गया।

डोमिन ने उनके नवजात शिशु को अपने छाती से लगाया। ऊपर से आँचल का ओहार डाल लिया। बच्चा दूध पीने लगा। रोना बंद हो गया। चतुरी धन्य हो गई। मालिक के बच्चे को दूध पिलाकर उसे लगा कि तीनों जग जीत लिया। उसे यह ध्यान भी नहीं रहा कि बाबूसाहब लोग उस परछाईं से दूर भागते हैं। रात के अँधेरे में अकेली पाकर हाथ पकड़ लें और बात है। उसे इस बात का गर्व था कि जो उसकी परछाईं से भी परहेज करते हैं आज वह उन्हीं की बच्चे की (धाई) माँ है।

बाबू साहब ने यह बात गुप्त रखी थी। मँगरू, जित्तू और चतुरी के अलावा और किसी को पता नहीं था कि उनका बेटा डोमिन का दूध पीता है। परंतु यह सब छिपने-छिपाने की बातें नहीं होती। ऐसी घटनाएँ हवा का पंख लगाकर उड़ती हैं।

बच्चा एक साल का हो गया। अब अपनी माँ के दूध पर रहने लगा। घर में गाय का भी दूध था। खेलने का सारा सामान भी। फिर भी बच्चा मौका पाकर जंगल जाने को मचल जाता। कभी-कभी चतुरी मालिक के घर आ जाती और साधिकार कहती, "मेरा बेटा अरुण कहाँ है। बुलाइए, मुझे दूध पिलाना है।"

चतुरी को अब दूध नहीं होता था। फिर भी अरुण उसकी छाती को मुँह में रख लेता। उसे संतोष होता था।

चतुरी का पति कलकत्ता में रहता था। वहाँ पर किसी जूट मिल में नौकरी करता था। साल में एक बार अवश्य आता और अपनी बीवी चतुरी के लिए अच्छी-अच्छी साड़ियाँ, पेटीकोट, चोली, गहने लाता। चतुरी खुश रहती। उस दिन जब अरुण की माँ ने चतुरी को अपनी पुरानी साड़ी दी तो चतुरी ने तुनक कर कहा था, "मालकिन, यह साड़ी आप रख लीजिए। इससे अच्छी साड़ियाँ तो मेरे वो लाते हैं। मैं तो अपने बेटे को देखने आ जाती हूँ।"

अरुण की माँ लज्जित हो गई। उसने कहा, "बहन क्षमा करें। यह हमारी परंपरागत बुरी आदत का असर है। मैं भूल जाती हूँ कि अरुण की अपनी माँ तो आप ही हैं। जन्म देने से क्या। क्षमा करें मैं आपको नई साड़ी दूँगी।"

"नहीं, मालकिन, आपको परेशान होने को नहीं। बस मेरा बेटा बुला दीजिए।"

मालकिन ने पुकारा। अरुण खेल रहा था। आते ही सीधे चतुरी की गोद में जा घुसा। चतुरी धन्य हो गई।

अरुण बड़ा हो गया। उसका जन्म-दिन मनाया गया। गाँव के लोगों को बुलावा गया। चतुरी को भी बुलावा गया। सब लोग खा लिए तो चतुरी को डोम लोगों की पंक्ति में बैठा दिया गया। अरुण आया। बगल में बैठ गया। चतुरी के साथ खाने की जिद करने लगा। चतुरी ने समझाया। माता-पिता ने समझाया। अरुण ने कहा,

''क्या मैं अपनी माँ के साथ खाना नहीं खा सकता।''

उसके पिता ने डाँटते हुए कहा, ''नहीं, वह नीच जाति की है। तुम बड़े घर के हो। इसके साथ खाना नहीं खा सकते। चतुरी तुम्हीं समझाओ अरुण को। तुम्हारी बात यह कभी नहीं टालता है।''

''हाँ बेटा, तुम मेरे साथ नहीं खा सकते। मालिक साहब ठीक कहते हैं।''

''तो खाओ कसम कि मैं तुम्हारा दूध भी नहीं पी सकता।'' अरुण ने बालहठ किया।

''यह कैसे हो सकता है। तुम तो मेरे बेटे हो। मेरे दूध की लाज हो।'' चतुरी ने अपने आँसू पोंछते हुए कहा।

''तो फिर मैं तुम्हारे साथ खाऊँगा। दूध तो तुम्हारे शरीर में उपजा है। खाना तो बाहरी दुनिया की चीज है।'' बालसुलभ हठमुद्रा में अरुण बोला। बाबू साहब को लगा कि किसी ने अरुण को यह सब पढ़ा दिया है। उसे पता नहीं कि यह चतुरी का दूध बोल रहा है।

''बाबू जी, आप ही कहें। अपने साथ खाने दें।'' अरुण ने जिद की।

पंक्ति में बैठे डोम लोगों की समझ में नही आ रहा था कि यह क्या हो रहा है। चतुरी और बाबूसाहब के बीच क्या हो रहा है। वे मजे से खाना खा रहे थे। पूरी-सब्जी-दही। उन्हें ऐसे ही अवसरों पर ऐसा खाना मिलता है। वह भी बचा-खुचा।

चतुरी ने खाना नहीं खाया। वह उठकर रोती हुई अपने घर चली गई। अरुण भी पीछे-पीछे उसके साथ चला। बाबू साहब के मना करने पर भी वह नहीं माना।

चतुरी घर पहुँचकर बहुत रोई। वह सोचती रही कि यह कैसा समाज है। बच्चे को बचाने के लिए उसके दूध की जरूरत थी, परंतु वह बच्चा जो उसके स्तन में मुँह लगाकर महीनों दूध पिया करता था उसके साथ खाना नहीं खा सकता। खाना खाने से वह नीच हो जाएगा, दूध पीने से नहीं। उसने अपना आँसू पोंछा और अदब से बोली, ''बेटा, तू बाबू जी के साथ चला जा। घर पर तेरी माँ परेशान होगी।''

अरुण बिना कुछ कहे रामनरेश की उँगली पकड़कर घर वापस आ गया। बिना कुछ खाए ही लेट गया। उसे नींद आ गई। कुछ देर बाद माँ उसके पास गई। वह सो रहा था। माथे पर हाथ फेरा। माथा जल रहा था। वह दौड़ी हुई पति के पास गई, बोली, ''देखिए न, अरुण को क्या हो गया। माथा जल रहा है।''

वे दौड़े हुए कोठरी में गये। पूरा शरीर जल रहा था। उन्होंने कहा, ''बेटा अरुण, तुम्हें क्या हो गया। अभी दवा लाता हूँ।''

''मैं जा रहा हूँ। अपनी माँ के पास। उसी के साथ खाना खाऊँगा। वहीं रहूँगा। आप लोग मुझे प्यार नहीं करते।'' अरुण बेहोशी में ही बुदबुदाया।

''नहीं बेटा, ऐसा मत बोलो। अभी डॉक्टर साहब को बुला कर लाते हैं।'' वह साइकिल से डॉक्टर को बुलाने चला गया।

डॉक्टर ने नाड़ी पकड़कर। आला लगाया। थरमामीटर काँख में लगाया। 104 डिग्री बुखार। बोले, ''इसे तो बहुत अधिक बुखार है।''

''मैं जा रहा हूँ माँ के पास।''

''डॉक्टर साहब, यह क्या हो रहा है।''

''घबराइए नहीं, अधिक बुखार है। दवा देते हैं, ठीक हो जाएगा।''

दवा दी गई। थोड़ी देर में बुखार कम हो गया। अरुण होश में आ गया। बेहोशी में बुदबुदाना बंद हो गया।

बोला, ''माँ दूध।''

माँ ने गिलास में दूध दिया। उसने हाथ से हटा दिया। बोला ''माँ दूध।''

माँ ने अपनी छाती उसके मुँह में लगा दी। वह दूध नहीं खींच सका। दूध था भी नहीं। थोड़ी देर में बुखार फिर बढ़ने लगा। पूरा परिवार परेशान।

अरुण की माँ ने कहा, ''मेरे बच्चे को बचा लीजिए। मेरा बेटा दूध नहीं पी रहा है। जल्दी से चतुरी को बुलाइए। मेरा मन कहता है, उसके हाथ से दूध पीकर मेरा बेटा अच्छा हो जाएगा।''

बाबू साहब भागते हुए चतुरी के पास पहुँचे। अरुण के बारे में बताया और विनती की, ''जल्दी चलो और अरुण को अपने हाथों से दूध पिलाओ। वह तुम्हारे दूध के लिए जिद कर रहा है। बुखार से तड़प रहा है।''

चतुरी को साथ जाने के सिवा कोई चारा नहीं था। आखिर थी तो वह भी माँ ही।

अरुण बुखार से बेहोश था। चतुरी ने सबको हटने का इशारा किया। दूध पिलाने के लिए छाती खोलनी थी जो सबके सामने नहीं खोल सकती थी। माँ-बेटे का रिश्ता अलग ही होता है। वह बगल में लेट गई। अपनी सूखी छाती को उसके मुँह में डाल दिया। कुछ देर तो वह शांत रहा। धीरे-धीरे उसके होंठ चलने लगे। छाती से दूध निकल आया। अनहोनी। जैसे-जैसे दूध अंदर गया, वैसे-वैसे बुखार खत्म हो गया।

चतुरी ने कोठरी से ही आवाज दी—''मालकिन आ जाइए। अरुण की तबीयत ठीक लगती है। अब बुखार भी कम हो गया।'' सब लोग अंदर आए। चतुरी ने अपने हाथों से अरुण को खाना खिलाया।

अरुण बड़ा होकर शिक्षा विभाग में एक वरिष्ठ अधिकारी बना।

□□